悦老生活荐读

情法相依

法律守护你我他

丛书主编　丛肖南
本册主编　张勇　张兆利　杨维松　杨学友　蒋思
本册主审　王秋实　宋乐乐　金姝慧

哈尔滨工程大学出版社
Harbin Engineering University Press

图书在版编目(CIP)数据

情法相依：法律守护你我他／张勇等主编. — 哈尔滨：哈尔滨工程大学出版社，2024.2
(暮晓：悦老生活荐读)
ISBN 978-7-5661-4315-0

Ⅰ. ①情… Ⅱ. ①张… Ⅲ. ①法律-中国-中老年读物 Ⅳ. ①D920.4

中国国家版本馆 CIP 数据核字(2024)第 047607 号

情法相依：法律守护你我他
QINGFA XIANGYI：FALÜ SHOUHU NI WO TA

选题策划 王春晖
责任编辑 张　曦　邹德萍　王丽华
封面设计 李海波

出版发行 哈尔滨工程大学出版社
社　　址 哈尔滨市南岗区南通大街 145 号
邮政编码 150001
发行电话 0451-82519328
传　　真 0451-82519699
经　　销 新华书店
印　　刷 哈尔滨午阳印刷有限公司
开　　本 787 mm×1 092 mm　1/16
印　　张 55.25
字　　数 780 千字
版　　次 2024 年 2 月第 1 版
印　　次 2024 年 2 月第 1 次印刷
书　　号 ISBN 978-7-5661-4315-0
定　　价 298.00 元(全 4 册)
http://www.hrbeupress.com
E-mail:heupress@hrbeu.edu.cn

(本书案例中出现的人名均为化名)

序言

Preface

随着社会的进步和时代的发展，老年人的生活品质和幸福感越来越受到全社会的关注。习近平总书记指出：“一个社会幸福不幸福，很重要的是看老年人幸福不幸福。”党的十八大以来，习近平总书记作出一系列重要指示，规划部署国家老龄事业发展和养老体系建设，要“让所有老年人都能有一个幸福美满的晚年”。老年人的精神状态和生活状态，不仅会影响家庭的和睦，甚至会影响整个社会的安定与和谐。让老年朋友们学到自己感兴趣的知识，保持积极健康、乐观向上的精神面貌，这是老年大学的教学理念与社会使命，更是老年大学存在的价值与意义所在。

哈尔滨老年人大学成立于 1984 年 4 月 1 日，是新中国成立后率先成立的老年大学，也是最早开课的老年大学、国家级“示范老年大学”。近年来，学校认真贯彻习近平总书记关于老年教育工作的重要指示精神，积极响应人口老龄化国家战略，把“积极老龄观、健康老龄化”融入老年教育发展全过程，全力打造“开放包容、幸福快乐、有为进步”的高质量综合性老年大学。随着教育教学改革的不断深入，我们对于老年教育内涵的理解也在不断更新。老年大学从带领老年人享受晚年生活、老有所乐，到指导老年人紧跟时代前进的步伐、老有所学，再到引领老年人继续为社会发挥光和热、老有所为，直至关注老年人身心同健，不断增强老年人的获得感、幸福感和安全感，发挥着重要作用。

基于此，在哈尔滨老年教育事业发展40周年暨哈尔滨老年人大学建校40周年之际，哈尔滨老年人大学和哈尔滨工程大学出版社合力打造了一套旨在丰富老年人的精神世界、为老年人排疑解惑、为老年人提供切实有效帮助的系列丛书。这套课外读物，是我们对老年教育理念的具体实践，它涵盖法律常识、心理健康、养生之道以及故乡老味道等多方面内容，它们各自承载着独特的使命。

情法相依：我们邀请专业律师、检察官、法官为老年朋友详细解读与生活息息相关的法律问题，帮助老年人在享受合法权益的同时，学会用法律武器保护自己。

心灵有约：心理的健康能够提高生命的质量。我们关注老年人的内心世界，从多个角度解读老年人常见的心理问题，帮助老年朋友排解内心的困惑与焦虑，使其保持积极向上的心态、拥抱快乐的老年生活。

年轮滋味：生活不仅要有柴米油盐，还要有诗和远方。旧时光里的美好，令人怀念的故乡味道，字里行间流淌着的情感，与美食相关的温暖故事，让老年朋友发现生活中的新乐趣，使其老年生活充满滋味。

百岁生活：知悉百岁老人的养生之道和长寿秘诀。老年朋友能够从中汲取生活的智慧、养生的经验、生命的真谛，找到适合自己的生活方式，让健康长寿与岁月同行。

这套课外读物不仅内容丰富实用，更是为老年朋友献上的一份饱含尊重与敬意的礼物。我在老年教育领域深耕多年，对老年教育这份事业充满着深沉的热爱。生命的长度有限，但生命的宽度却可以无限。这套“悦老生活荐读”系列丛书名为“暮晓”，是我深思熟虑的沉淀，也是捕捉到的灵光闪现。年虽迟暮，但仍志存高远。暮年与青年，夕阳与拂晓，在老年大学的校园里融为一体。“暮晓”最能表达我们对老年生活的理解与感悟，也寄托了我们对老年人的深切情感。希望这套丛书能成为老年朋友的知音与良伴，使他们能够在书中找到属于自己的活力与力量。同时，也希望这套丛书能够成为老年大学与社会之间的一座桥梁，让更多的人了解老年大学的教育理念和历史使命，唤起全社会对老年人生命质量的关注，努力形成关爱、和谐、尊老、敬老的浓郁社会氛围。

这里是一个新的起点，是老年人的，也是我们的，未来的我们会继续充实丛书的内容，与人民同心、与时代同步，在追寻智慧的道路上让更多的老年人找到属于自己的幸福时光！

哈尔滨老年人大学党组书记： 丛育南

2024 年 1 月

目录

Contents

第一篇
隔辈之爱

——我们背后的欢乐和汗水——

俗话说的“隔辈亲”，其实多是老对小的情感依恋。

这种依恋能排解老年人的寂寞和孤独，让他们在精神上得到极大的宽慰。

如今我国隔代抚养的现象越来越多，而这一浸润着伦理、亲情的社会现象，正越来越显露出难以承受的来自亲情的无奈和隐忧。

“独二代”成长费用谁买单？

刚过而立之年的李浩被自己的母亲吴老太告到了法院，原因是老母亲向他发出了给付孙子抚养费的“法律通牒”。

李浩与妻子登记结婚后生育一子，两人均是朝九晚五的公司职员。李浩的父母便义不容辞地承担起了照顾“独二代”孙子的责任。将孩子接到身边后，老两口含饴弄孙、尽心尽力，一时间其乐融融。然而几年后，李浩与妻子因感情不和而和平分手，儿子由李浩抚养，妻子每月支付抚养费 800 元。孩子在双方离婚之后还是一直跟随爷爷奶奶生活。又过了几年，两位老人的身体越来越差，左思右想后将自己的儿子李浩起诉到法院，要求李浩负担自孩子出生到现在的全部抚养费用。法庭上，李浩辩解到，自己的父母作为孩子的爷爷奶奶，在中国人的传统中，带孙子是应该的，对于二老向自己提出的支付请求，他表示同意，但也明确表示没有支付能力。

经过一系列调查取证后，法院查明，孩子出生后，二老并没有与儿子儿媳约定需要给付抚养费，而是出于亲情自愿协助抚养孙子，这期间要求子女给付抚养费无法得到法律的支持。李浩离婚之后，孩子按协议由其抚养，但他没有实际尽到抚养孩子的责任，应该向自己的父母支付孩子的生活费和相关的一些其他费用。因此，法院最后判决，李浩在判决生效七日后，向自己的父母支付包括孩子的幼儿费、医药费和益智类支出等在内的各项费用。

【说法】

作为孩子的法定监护人，从法律层面讲，父母负有不可推卸的抚养责任。但在隔代抚养成为普遍社会现象的当下，祖父母、外祖父母对孙辈在经济上的过多付出直接导致了“独一代”对老人的过度依赖。本应安享晚年的老人因经济问题与子女发生矛盾的隐忧成为“隔代抚养”模式下对亲情最直接的伤害。

在“独一代”婚姻正常存续期间，多数祖父母、外祖父母出于自愿，为“独二代”在生活开销、教育投资、医疗费用等方面做出经济上的付出。在这种情况下，老人基于亲情的付出是出于自愿的。因偶然的家庭矛盾等因素促使老人向子女追索抚养费的请求不能获得法律的支持，但因子女不尽赡养义务而引起的追讨情形除外。当然，在隔代抚养模式下，老人为避免日后与子女因经济问题发生纠纷，愿意通过协议约定一定的经济报酬，若因此而诉至法院，则可得到法律的支持。

隔代看护引抚养权纷争

张兴与高岚经法院调解离婚，双方约定四岁的女儿由高岚抚养。离婚后，因女儿就读的幼儿园离爷爷奶奶家较近，为避免中途转学给女儿造成不良影响，高岚与前公婆签订了一份《抚养问题协议》，约定女儿暂住在爷爷奶奶家，女方可随时探望孩子，并在节假日将孩子接走；孩子在跟随爷爷奶奶居住期间，每月的所有费用(包含教育、生活、医疗等)高岚负担 1000 元，其余由张兴负担；出于对未来入学的考虑，孩子的户口仍随爷爷奶奶，孩子的所有证件暂时交由爷爷奶奶保管。两年后，高岚的生活逐渐稳定下来。由于思女心切，她将女儿接到自己身边。孙女离开后，老两口像丢了魂似的，心里没着没落。于是，他们找来儿子商量，想接孙女回到自己身边，继续共同生活。

随后，张兴将高岚诉至法院，以高岚未尽抚养义务为由要求变更抚养权。高岚对此并不认可。她辩解到，当初是张兴母子主动找其商量，为了不影响女儿的学习与成长，希望女儿不要中途转园，她权衡利弊后同意了，这才让女儿暂住在爷爷奶奶家。在此期间，她也尽到了对孩子的抚养义务，每月均按时支付了女儿1000元生活费，每天都去幼儿园或奶奶家辅导女儿学习。目前女儿已经在高岚处生活、学习及居住。

法院经审理认为，张兴与高岚签订的《抚养问题协议》系双方真实意思的表示。女儿虽在双方离婚后主要随爷爷奶奶生活，但确事出有因，且张兴未提交高岚在离婚后经济条件严重恶化，或者其他不适合继续抚养子女的有效证据，孩子现在也实际随高岚生活，故法院对张兴的诉求不予支持。

【说法】

现实生活中，有很多父母出于对孩子的教育或其他因素的考虑，在离婚后让孩子跟随不负有直接抚养义务的一方生活的情况，不直接抚养人的父母承担了对孩子的主要抚养责任。这不仅使孩子对老人产生了依赖心理，也使老人和孩子建立了深厚的感情，希望能够继续抚养孩子，遂要求自己的子女起诉原配偶争取孩子的抚养权。但除非确认抚养人在离婚后经济条件严重恶化或存在其他不适合继续抚养子女的情况，否则法院不会轻易变更抚养权。

隔代抚养出意外，父母责任难撇清

因为出门总爱抱着外孙子这件事，孙老先生没少落“埋怨”。女儿女婿觉得，应该让孩子自己多跑跑，加强锻炼，而孙老先生却有自己的一番道理：“抱着，我心里踏实。这要是磕了碰了，责任太大了……”老人帮忙带孙，真是担着不小的风险。

五岁的男童小宇因为父母工作繁忙，从小由姥爷姥姥照看。一天，姥爷领着小宇出去玩，为了省事，就带着小宇跨过道路中心的隔离墩横穿马路。结果祖孙俩被驶过的车辆撞倒，小宇因为脊髓损伤，高位截瘫。交管部门认定，对于此次交通事故，小宇的姥爷负主要责任、司机负次要责任。经过诉讼，法院判决驾车司机承担40%的责任，赔偿小宇32万元。家庭的变故让小宇父母的婚姻也走到了尽头，父母离婚后，小宇随父亲生活。因为经济负担太重，小宇父亲代表儿子将其姥爷告上法院，要求对方按照60%的事故责任赔偿48万元。

法院审理后认为，小宇的姥爷在接受女儿女婿委托照看孩子的同时，一并承担了对孩子的监护职责，以及可能因履行监护职责不当所产生的风险。小宇姥爷横穿马路导致事故发生存在明显过错，但是考虑到受托人系无偿受托，根据其过失的性质与大小，法院一审判定姥爷对小宇48万元的损失承担30%的赔偿责任，即14万元。

类似的案例还有很多。有一位老人抱着还不足五个月的女婴横穿马路时，被一辆小轿车撞倒，怀中的孩子摔在地上导致颅脑损伤。交管部门认定老人与驾车司机负事故同等责任。法院最终根据责任比例，判令保险公司和驾车司机按照孩子经济损失的一半进行赔偿。

在另外一起案件中，姥姥带五岁的外孙在商场里乘坐扶梯时，没有注意牵手保护，孩子站立不稳摔倒，右手卡进电梯缝隙被夹骨折。法院审理后认为，家长对孩子疏于照顾和看管，存在一定的过失，因此判令商场按照30%的比例对孩子的相关损失进行赔偿。

几年前，某法院受理的一起“女婿状告岳父赔偿案”引发社会高度关注。由岳父照看的外孙在老人打盹的时候攀爬自家的窗户，不幸坠楼身亡。女婿认为岳父照顾外孙失职，向法院起诉索赔 30 万元。岳父举证时，证明自己曾采取安装护栏等措施提前尽到了可能范围内的注意义务。法院最后认定纯属意外，没有支持女婿的诉求。考虑到女婿的感受，判令岳父向女婿赔付一万元。

【说法】

看护孩子的老人都承担着部分责任，但现实生活中，毕竟老人带孙付出了辛苦，如果还要被追究责任，从情理上让人很难接受。因此只要不是后果特别严重的，或者家庭有矛盾的，通常孩子的父母也不会跟老人对簿公堂。老人上了年纪，身体条件、判断力和反应都有所下降。孩子的父母应当谨慎选择合适的受托人照顾孩子，如果明知道老人的身体条件不适合看护孩子，还将孩子托付给老人，一旦孩子出现人身伤害事故则后悔莫及。

爷爷奶奶讨要智障孙子监护权

六岁的男童叮当患有癫痫病，智力不及一岁的婴儿。在他刚出生不久，身为独生子的父亲就因车祸去世，叮当成了爷爷奶奶的全部寄托。为了获得孩子的监护权，叮当的爷爷奶奶和妈妈郭芳打了场官司。经过法院判决，郭芳的监护人身份得到确认。但叮当并没有回到妈妈身边，仍然和爷爷奶奶一起生活。之后的几年中，郭芳再婚，又有了孩子。爷爷奶奶起诉前儿媳，称其对叮当未尽抚养义务，要求撤销郭芳的监护权，将叮当的监护人变更为他们老两口，老两口甚至愿意放弃对已故儿子的财产继承权。

对于这第二次法庭相见，郭芳说，法院判决她为监护人之后，爷爷奶奶一直阻碍她得到监护权。虽然叮当有病，生父也已去世，但她绝对不会放弃对叮当的监护权，也有能力照看叮当，可以随时将他接走。法院认为，叮当的母亲郭芳在健康状况、经济状况上都具备抚养叮当的条件，因此驳回爷爷奶奶的诉讼请求。

【说法】

父母是孩子的法定监护人，但在现实生活中，有一些老人却毅然决然地走上法庭，想将孩子的抚养权争到自己手里。法官在判决中特别指出，作为爷爷奶奶，两位老人给予叮当的关爱是值得赞扬和肯定的。郭芳作为叮当的法定监护人，确实应承担起自己抚养、教育孩子的责任。双方既然都是关心和爱护叮当的，就应该心平气和地协商如何为叮当创造一个稳定的生活环境和成长环境，让叮当能够快乐生活。

“失独”老人欲留孙儿

男孩晨晨还不满一岁的时候，父母就离异了。此后，晨晨一直和爸爸以及爷爷奶奶一起生活。两年前，晨晨的爸爸去世了。妈妈沈倩成了晨晨唯一的法定监护人，晨晨自然也应该由妈妈抚养。但是，晨晨的爷爷奶奶却将前儿媳沈倩告上法庭，要求撤销对方的监护权。

晨晨的爷爷奶奶称，在孩子的父亲去世后，沈倩并未接走晨晨，也不给抚养费。作为法定监护人，沈倩并没有履行应尽的义务。沈倩在法庭上说，协议离婚之后她本想带走孩子，但前夫却不同意。前夫去世后，她提出要把晨晨接走，由于爷爷奶奶的阻拦，她根本无法履行监护权。

借着这场官司，沈倩提出要接走晨晨亲自抚养，希望前公婆能够配合。沈倩说，毕竟老两口年事已高，精神及健康状况有着更多的不可预测性。晨晨还不满十岁，现在将孩子交给她抚养，是最好的选择。

法院认为，晨晨的爸爸去世，妈妈沈倩是法定监护人。如今，沈倩愿意抚养晨晨，且老两口也没有证据证明沈倩对晨晨有虐待或其他明显不利的行为，仅凭孩子没有与母亲共同居住的事实，不能认定沈倩不履行监护职责。法院最终驳回了晨晨爷爷奶奶的诉讼请求，希望双方本着有利于晨晨身心健康成长的原则，协商处理晨晨的抚养问题。

【说法】

某法院审理的几起撤销监护权案件，有着鲜明的共性，几乎都是孩子的父亲已去世，爷爷奶奶当原告，要求撤销前儿媳的监护权，由他们抚养孙子。在这几起案件中，爷爷奶奶在抚养孩子的问题上与前儿媳素有矛盾，并且认为孩子就是自家的血脉，一定要留在身边。

其实，爷爷奶奶打撤销监护权官司鲜有胜诉的。究其原因，是我国法律法规对监护人的身份有明确且严格的规定——只有在未成年人的父母已经死亡或者没有监护能力的情况下，爷爷奶奶或者姥姥姥爷才可能作为未成年人的监护人。同时，如果祖辈想要获得监护权，但孩子的监护人(父母)不愿放弃监护权，而孩子的生活状况又没有出现严重后果或面临严重危险，即便监护人没有妥善尽到监护职责，也很难撤销其监护权。但根据《中华人民共和国民法典》(以下简称《民法典》)第三十六条规定，如果监护人“实施严重损害被监护人身心健康的行为”，或者“怠于履行监护职责，或者无法履行监护职责且拒绝将监护职责部分或者全部委托给他人，导致被监护人处于危困状态”的，那么人民法院则可以根据有关个人或者组织的申请，撤销其监护人资格。

说到底，老人争孙，争的是一份情感慰藉的权利。即便败诉，法院在判决书中对老人给孙子的关爱也予以了赞扬和肯定。只是作为付出了金钱、精力和情感照顾孙辈的老人来讲，他们对孙辈的权利在法律上还是空白的。在目前的法律框架下，互相理解、互相尊重，本着爱护孩子的态度，协商处理抚养问题才是务实的解决之道。

“隔代探望权”的纠纷

徐某、李某夫妇曾经拥有一个十分幸福的家庭。独生子小徐勤奋好学，去澳大利亚留学归国后，经人介绍与漂亮大方的姑娘倪某结婚。但谁也想不到的是，不久小徐自杀身亡。此时倪某腹中已经有了一个多月大的胎儿，这是小徐在人世间给亲人留下的唯一念想。就倪某是否继续妊娠事宜，经协商，徐某、李某以怀孕营养费为由向倪某汇款四万元，还通过中间人带给儿媳一张抚养协议书，提出孩子断奶后交由公婆抚养，并愿意补偿儿媳一笔“辛苦费”。然而，这份抚养协议书惹怒了倪某。倪某觉得，在公婆眼里她只是一个没有任何人格与尊严的生育机器。

之后倪某产下一子，取名倪某某。孩子出生后，徐某、李某多次探望孙子并送来一些孩子的食品及生活用品。后来，徐某、李某以近日将外出为由，要求提前探望孙子，被倪某以当月已探望为由拒绝。几天后，徐某、李某夫妇与两个亲戚至倪某住所要求探望孙子，双方发生口角并有肢体冲突，经当地派出所、妇联协调未果。几个月后，两位老人向人民法院提起诉讼，要求每月探望孙子三次。

半年后，法院一审公开宣判。法院审理认为，本案原、被告双方系孩子的直系血亲长辈，特定身份的家庭成员之间的权利义务，除了物质财富方面，也包含精神层面的内容，而本案的讼争标的“探望权”即属后者范畴。父母对子孙有着强烈的精神寄托感，而该精神寄托感的具体表现为能否得以与子孙相处，对其进行看望、问候、关爱等慰藉形式。而原告方的诉请，就是典型的精神慰藉需求行为。原告是失独老人，要求探望的对象是自己的孙子，本是符天理、合人伦之举，法院予以支持，遂作出一审判决：一、自判决发生法律效力之日的次月起至倪某某十周岁时止，徐某、李某可每月探望孙子倪某某一次，倪某负有协助配合义务。具体探望方式为：每次的探望时间以六个小时为限；探望地点除徐某、李某与倪某商定的地点外，以倪某经常居住地或由倪某指定的地点(本市市区范围内)为宜。二、驳回徐某、李某的其他诉讼请求。

【说法】

该案并非个案，随着社会的发展，“隔代探望权”纠纷也在国内多地出现。此类案件的纠结在于，《民法典》第一千零八十六条规定：“离婚后，不直接抚养子女的父或者母，有探望子女的权利，另一方有协助的义务。行使探望权利的方式、时间由当事人协议；协议不成的，由人民法院判决。父或者母探望子女，不利于子女身心健康的，由人民法院依法中止探望；中止的事由消失后，应当恢复探望。”也就是说，对于隔代长辈，比如祖父母、外祖父母等是否有探望权，法律并没有明确规定。但据有关数据统计，目前中国的失独家庭至少已超百万。失独家庭的孙辈承载着比一般家庭更沉重的情感寄托，处理这类特殊案件更要审慎。此案的主审法官详细分析了公婆与儿媳之间产生纷争的根源，并详细阐释了支持探望的理由，建议双方当事人要换位思考，更理性地解决纷争，最终达到“家和人顺”。可以说，这是一个充满温情的判决。

不加约束地恣意探望被“叫停”

两年前，小芳、小军夫妻俩经法院调解离婚，三岁的女儿朋朋由母亲小芳抚养。离婚初期，爷爷奶奶经常到小芳的住处看望孙女。后来老两口来看望孙女的次数越来越多，而且常常不经老师同意就将朋朋带出幼儿园。而在小芳组成新的家庭后，两位老人经常在前儿媳的家里一待就是半天，影响了其正常生活。无奈之下，小芳将前公婆告上法庭，请求判令被告停止侵害、赔礼道歉。

法院经审理认为，被告毫无节制地探望孙女的行为，已经侵害了原告的监护权和隐私权，判决被告未经许可不得擅自探视孙女。

【说法】

《民法典》第一千零八十六条规定：“离婚后，不直接抚养子女的父或者母，有探望子女的权利，另一方有协助的义务。”本案中，被告系原告的前公婆，如果在适当的场所，有节制地探视孙女也在情理之中，但被告在监护人已有异议的情况下，不体谅其已另有新家庭的实际，坚持不加约束地探望孙女，则侵害了原告的监护权和隐私权。需要注意的是，虽然法院作出了上述判决，但两位老人在改正不当的探望行为后，仍然有接触孙女的途径和方法，因为孩子的父亲仍然享有探望权，他可以通过与前妻达成协议的办法，协商确定探望的时间、地点和具体方式，包括约定可以把孩子接回家中，以和爷爷奶奶通电话、看视频、赠送礼物等方式，实现老人的探视愿望。

——法律小贴士——

【应守护的隔辈之爱】

从法律上讲，父母永远是孩子的第一顺序监护人。在父母没办法履行监护职责，托老人帮忙带孩子时，等于是把一部分监护责任委托给老人代为承担，这些责任中最重要的一项就是保证未成年人的人身安全。

在看护孩子的过程中，如果老人有明显的重大过失，造成孩子重伤或死亡的严重后果，从民事角度来说，孩子的父母还可以追究老人的赔偿责任。但从另一方面说，即便是老人疏忽大意，父母也不能对孩子受到的伤害完全免责。

作为孩子的监护人并非只是享受天伦之乐，更要履行保护被监护人的身体健康、照顾被监护人的生活、管理和保护被监护人的财产、代理被监护人进行民事活动，在被监护人的合法权益受到侵害或者被监护人与人发生争议时，代理其进行诉讼的法定职责。

从这个角度来看，监护权表现出的本质更多的是一种义务。养育孩子绝不仅仅是提供一日三餐、上学接送这么简单。从长远来看，相较于一天天老去的祖辈而言，父母在经济、精力、教育能力等各方面都更具备优势。老人们的年纪越来越大了，孩子终究还是要由父母来抚养。

第二篇
赡养义务

——鸦反哺，羊跪乳——

近年来，年迈老人与子女对簿公堂的场景逐渐增多，原因大多是子女拒绝履行赡养义务。

无论从道德抑或从法律出发，赡养老人都是子女应尽的义务。而老人通过起诉的方式，即使能够得到赡养费，也必然会与子女形成矛盾，甚至给晚年生活带来更多无奈。

古语道："鸦反哺，羊跪乳。"赡养纠纷案件的发生，除了为人子女者应该检讨和反思外，老年人其实也应该在心里多问几个"为什么"。

父亲越洋打赡养费官司

黄老伯早年丧父，生活坎坷，家境贫寒，直到近四十岁才结婚生女。中年得女后，黄老伯的生活重心全部落在了对女儿的教育、照顾之上。功夫不负有心人，黄老伯的女儿在学业上相当优秀，高中毕业后就赴美留学，经过努力和打拼最终在美国定居。

多年前，黄老伯的妻子去世，女儿也回国奔丧。之后，女儿每年回国探望父亲一次。但后来双方就母亲房产份额的分割问题发生纠纷，虽然双方协商解决，但黄老伯却对女儿产生了失望感。此后，虽然女儿经常打电话回来，但黄老伯非骂即挂。

几年后，女儿失去了工作，经济收入锐减，此后女儿再未回国探望黄老伯。于是，多年来黄老伯一直独自生活，靠微薄的养老金维持自己的开销。但是，近两年来，黄老伯因年事已高，疾病缠身，故医疗费、生活费开销增加不少，加之对女儿失望至极，故至法院起诉女儿，要求其每月支付赡养费 3000 元。

经法院联系，女儿从美国回国应诉。女儿向法官表示，自己并非不赡养父亲，只是其已在美国成婚难以回国照顾父亲，父亲又无法获得美国绿卡不能长期居住美国，两难中她同意支付赡养费，但因其在美国再就业后收入不高，每月支付 3000 元确有难度。且现在父亲居住的房屋面积近百平方米，为两人共有产权房，其提议父亲出租部分房屋以补贴生活，但被黄老伯拒绝。经双方举证、法院调查，黄老伯养老金支付其生活费、医疗费后略有结余，且女儿的提议有一定的合理性。法院遂判决女儿每月支付父亲一定的赡养费，如黄老伯出现较大生活必需支出则由女儿负担。

【说法】

本案中的黄老伯老来得女，为培养女儿成才付出了一番心血。年老后，老伴儿的离世和女儿无法承欢膝下的现状确实让人觉得晚景孤独。老人的诉讼请求是要求女儿给付赡养费，但是从其尚有结余的经济状况上可以探知，每月3000元的赡养费请求更多传达了老人精神的孤寂与渴望亲情的苦楚，甚至是愤怒。

解决子女无法给予父母精神慰藉的客观现实问题，仅仅通过法律判决的方式给付父母赡养费并不足够。作为独生子女的父母，要提高对养老所面临的客观现实的认识，特别是要转变传统的养老观念，提前做好养老准备，适应子女不在身边的生活。作为子女也应多关注父母，体谅父母年老后易孤独、更易敏感的特点，提醒自己多和父母沟通，及时排解父母的心理负担，尽量保障他们的生活需要，常回家看看。

老人再婚，儿女拒绝赡养

滕大爷早年丧偶，含辛茹苦地把两个儿子拉扯大，如今已是儿孙满堂。随着年纪的增长，滕大爷打算再婚并找到了如意伴侣。准备再婚登记时，却遭到了儿子们的强烈反对。在与儿子们商量未取得一致意见的情况下，滕大爷执意选择了再婚。为此两个儿子拒绝赡养老人。无奈之下，滕大爷走上法庭，要求儿子承认自己的婚姻，并每人每月支付赡养费300元。

【说法】

享有婚姻自主权是老年人的一项基本权利。我国《民法典》第一千零六十九条明确规定:“子女应当尊重父母的婚姻权利,不得干涉父母离婚、再婚以及婚后的生活。子女对父母的赡养义务,不因父母的婚姻关系变化而终止。”这一规定说明,不论父母的婚姻关系如何变化,子女都必须履行其应尽的赡养义务,但现实却充满着“无奈”。

当老年人为了安度晚年选择再婚时,往往会遭到晚辈的阻挠。一方面,一些子女思想过于陈旧,认为父母再婚便与自己脱离了原有的家庭关系;另一方面,有的老人性格倔强,在再婚问题上缺乏与子女的充分沟通,一味要求晚辈“顺着”自己,从而导致部分子女拒绝赡养。为避免这种局面,建议老年人再婚前就财产、继承等相关事宜与子女主动协商,必要时可以向社区居民委员会等组织求助,多方合力,以取得晚辈的理解与支持。

未尽“义务”,子女拒绝赡养

几十年前,张老太在孩子刚出生不久,就嫌家里穷而改嫁他人,并从此与两个孩子断了联系。因为改嫁后没有再生孩子,张老太一直是靠第二任丈夫生活。丈夫过世后,她回来找到两个孩子,想团聚并让孩子尽赡养义务。可是两个孩子并没有答应她的要求。他们称年幼时老人没有尽到抚养义务,现在他们也不可能赡养她。张老太无奈地说,如果不赡养她,就要到法院告两个孩子。

在法庭的审理过程中，张老太的诉讼得到了支持。可是两个孩子除了每月支付她一笔赡养费外，再没有出现在张老太的眼前。

【说法】

《民法典》第一千零六十七条规定：“成年子女不履行赡养义务的，缺乏劳动能力或者生活困难的父母，有要求成年子女给付赡养费的权利。”但是，在类似这样的案例背后，亲情问题令人深思。张老太最终赢了官司，却没有挽救她与孩子之间微薄的亲情。如果当初她能主动去看望一下孩子，在孩子需要帮助的时候帮扶他们一下，两代人互相迁就、互相替对方多考虑一下，她和孩子之间也就不会发生闹上法庭之类的不快了。

与继父断绝子女关系，还用赡养吗？

母亲带着儿女改嫁，继父将继子女抚养成人，成年后的继子女是否对继父有赡养义务？近期，法院对一起赡养费纠纷案进行了公开宣判。

王某年轻的时候，因家境贫困等原因，到了谈婚论嫁的年龄，却没有媒婆愿意登门说亲，一直到三十多岁还是独身。在二十世纪七八十年代，三十多岁还讨不来老婆，是个挺让人着急的事。王某也是多方托人说媒，终于有一个寡妇杨某愿意和他一起生活，就是年龄比王某大了些，而且还有四个女儿。老婆孩子热炕头，能吃口热乎饭，有个贴心人就挺好的，不能有太多的奢望，王某遂同意了与杨某的结合。

婚后，王某与杨某约定不再生育子女，两人将全心全意把四个女儿抚养成人。当时大女儿已经十四岁，小女儿才六岁。为了让四个孩子健康成长，王某与杨某共同遵守当初的约定，每日辛勤劳作，并顺利盖起了新房。四个女儿逐渐成人，也先后都有了自己的家庭。生活压力终于不像以前那么大了，然而生活矛盾却越来越多了，王某与杨某经常因为一些生活琐事拌嘴，老两口每次拌嘴，四个女儿不是协调劝解，而是一致帮母亲“助威”，王某觉得“势单力薄”，甚至感觉委屈，一气之下就搬出去租房独住了。

但年近七旬的王某，已经没有劳动能力，遂将四个女儿诉至法院要求女儿们履行赡养义务。

庭审中，四个被告坚决不肯赡养原告，原因是四个人在成长过程中，原告为养育她们只出过力并未出过钱，而且还提供了一份早些年与原告签订的协议，协议第四条约定：王某(甲方)放弃要求乙方(四被告)尽赡养义务，及身后事宜不要求乙方处理，即甲方与乙方四子女断绝拟制血亲关系。

法院经审理后认为，子女对父母有赡养扶助的义务，该义务包括经济上帮助、生活上照顾、精神上慰藉。四个被告虽非原告亲生，但原、被告间已形成了继子女关系，依据我国《民法典》的有关规定，继父或继母和受其抚养教育的继子女间的权利和义务，适用该法对父母子女关系的有关规定。为此，四个被告依法对原告有赡养义务。四个被告以之前与原告签订的协议为由，请求法院驳回原告要求赡养的诉讼请求，法院认为，原、被告签订的协议第四条的内容是违背法律规定的，为此，被告的辩解本院不予采信。因此判决四个被告每人每月 10 日前支付原告王某生活费人民币 250 元；原告王某的医疗费除农村合作医疗报销外的费用由四个被告各负担四分之一。

【说法】

“百善孝为先”一直是中国社会各阶层所尊崇的基本伦理道德，孝敬父母乃“天之经、地之义、人之行、德之本”，这其中的“父母”自然包括将自己抚养成人的继父母。

本案中，原告与被告既存在继父与继子女的姻亲关系，又存在长期共同生活而形成的抚养关系，且原告与被告母亲仍处于婚姻存续期间，原、被告之间的拟制血亲关系不能因私下达成的协议而自然解除，继子女对继父母有赡养义务，无劳动能力的或生活困难的继父母，有要求继子女付给赡养费的权利。

口头赡养遭变故，上门女婿要反悔

田宝元二十六岁那年，经一位远房亲戚介绍，与晓凤相识相恋。在与宝元接触的过程中，晓凤的父母加深了对这个小伙子的了解，认为宝元不仅人长得帅气，而且聪明又善解人意，于是他们干脆就与介绍人明说，想让宝元到家里做上门女婿。介绍人马上说：“真是巧了，宝元家兄弟两个，他父母还愁盖不起两个儿子的房子、娶不起媳妇呢，如果你们能为宝元解决住房等难题，别说做上门女婿，就是将来给你们二老养老送终也是没问题的。”

中秋节前夕，两家人坐到了一起，晓凤的父母先表明了让宝元做上门女婿的意愿，并表示将来家里的房屋等所有财产都归小两口，但是晓凤和宝元必须保证要为老两口养老送终。宝元的父母也当即表态：“只要两个孩子感情好，我们啥意见也没有，一切都按你们说的办!”

不久两个年轻人便登记结婚了。晓凤的父母从婚房装修到日常生活花销几乎全都包了下来。然而，天有不测风云，二十多年后的一天，晓凤因车祸不幸身亡。这让已近七旬的晓凤父母悲痛欲绝。那段日子，已近五十岁的宝元全心全意地照顾两位老人，特别是岳母住院期间，跑前跑后、办理种种手续几乎都由宝元一个人承担。渐渐地，他们从悲痛中恢复过来，生活又回到了原来的轨道。

平淡的日子过了一年有余，有人给宝元提亲，女方没有孩子，家里也很殷实。几个月之后，两人就到了协商结婚成家事宜的程度了，女方提出让宝元搬到自己家来生活。这让宝元很是犯难，无奈之下，与岳父母一向不隔心的宝元只好如实相告。晓凤的父母想到宝元正是壮年，既然有这么好的机遇，就成全他吧。于是晓凤的父母和宝元初步达成如下协议：宝元结婚后可以去女方家住，但要时常回来照顾老人，当老人将来无法自理时，由宝元想办法为老人养老。

就这样，宝元再次当上“上门女婿”。开始的半年里，宝元还几乎每周都回来两三次，可时间一长，宝元来的次数越来越少了，经济上的资助也就更无法指望了。晓凤的父母一怒之下将宝元告上了法庭，要求他履行当初的协议，每月支付赡养费600元，并在老两口需要的时候给予照顾。虽然当初双方的赡养协议只是口头的，并无字据，但宝元对此表示承认。法庭认定该口头协议是双方真实意思的表示，并不违反法律的规定，是合法有效的。双方都应自觉履行该协议，如有违约应承担违约责任。

在法庭组织调解中，宝元提出，房子可以归二老所有，多年来二老为他们支付的费用可折算退还。可晓凤的父母却不予以认同，他们认为：我们不在乎钱财，关键问题是我们都已经进入老年，需要亲情，得有人照顾，而宝元也不是不想照顾我们，关键在于他妻子是否支持。法官见双方感情基础好，并无大的矛盾，经几番说和，双方最终达成如下调解协议：一、宝元及外孙(宝元的儿子一家)负责赡养二老，基本条件是，每周至少回来看望一至两次；二、待二老行动困难生活不便时，或直接照顾或负责找保姆照顾；三、老人房屋及财产于百年后，依然归宝元及外孙继承。

【说法】

遗赠扶养制度是我国《民法典》中一项很有特色的规定。我国法律虽未规定上门女婿对岳父母有法定的赡养义务。不过，双方合议约定的赡养义务并不为法律所禁止。根据《民法典》第一千一百二十三条规定："继承开始后，按照法定继承办理；有遗嘱的，按照遗嘱继承或者遗赠办理；有遗赠扶养协议的，按照协议办理。"

本案中，宝元是有赡养岳父母之约定责任的。当初做上门女婿时，晓凤父母提出的"房屋等财产都归小两口，将来由小两口为老人养老送终"，不但得到宝元父母的同意，也得到了宝元的默许。多年来，双方都以实际行动履行着这个口头约定。此约定虽然没立字据，只是口头的，但依据《民法典》第一百三十五条规定："民事法律行为可以采用书面形式、口头形式或者其他形式。"口头约定只要是双方真实意思的表示，且不违反法律规定，与书面约定具有同样的法律效力，对双方具有拘束力，双方都应本着诚信原则自觉履行，任何一方的违约行为都为法律所不容，都应承担违约责任。

如今在广大农村，招婿养老早已是约定俗成的做法。嫁出去的女儿对父母尽赡养义务相对少些，因为嫁出去的女儿陪嫁的嫁妆与家中财产相比所占的份额较少；而上门女婿到女方落户后，通常与配偶一起继承岳父母的财产，所继承的财产较多，所以招婿在家的女儿赡养父母的责任要比嫁出去的女儿大些。这个赡养责任是在家的女儿与招上门的女婿共同承担的。上门女婿在配偶死亡后，无论岳父母是否有其他子女，都不能以此为由免除其赡养岳父母的责任，这体现权利与义务相一致的原则，也被一般人的价值观念所认同。

今天的“啃老”，是为明天的赡养？

李老先生和老伴儿的儿子小刚大学毕业后没找到合适的工作，李老先生就将他安排到老同学的公司里。可小刚只干了三个月，就说工作没意思，同事不好相处，辞职不干了。李老先生又帮儿子联系过几个工作，但是儿子都说“没意思，不想干”，每天闲在家里，不是睡觉，就是上网，不再去找工作。

后来儿子在网上认识了个女孩，带女孩回家同居。老两口无法接受，从谆谆教诲到严厉斥责，最后升级到大打出手，可是儿子说：“没工作也有权利谈恋爱。今天你们养我，到你们老了，我才会养着你们！”

无奈之下，老两口诉至法院，要求儿子搬出从小就生活的房屋，限期腾房。最终法院判决小刚于判决生效后六十日内搬出所居住的房屋。

【说法】

儿女不论生活状况如何，均需赡养老人。作为有独立生活能力的成年人，小刚本应自食其力，却长期依赖父母，并动不动就拿将来为父母“养老送终”说事儿，心安理得地“啃老”，却忘了父母含辛茹苦地将他培养成人的艰辛。而依据相关法律规定，不论小刚离开父母后生活状况如何，在父母年老需要照顾时，他都要在力所能及的范围内履行赡养义务。

“卖掉你的房，休想我再养”

当前，有不少老人选择“我花钱我快乐”的生活原则，有的对子女过分“啃老”说“不”，有的干脆卖房去旅游，有的参加社会养老，还有的则把房子“随心”遗赠给哪个子女……然而不少老人没有想到，有的子女竟因继承不了遗产，甚至只因无法继续“啃老”，就拒绝赡养年迈的父母，由此引发了众多赡养纠纷案。

周老太年过七旬，为弥补年轻时无钱无时间的缺憾，不知从什么时候开始，突然热衷上了环球旅游，于是卖掉自己唯一的住房。等开心地玩了一圈回来，还剩下一些钱，她就又为自己找了一家养老院。对此，周老太的独生女儿十分不理解，甚至感到愤慨，她原本一直打算等母亲百年之后就继承这房产的。

如今，日渐年迈的周老太在养老院里孤单度日，天天念叨女儿的名字。这几年她的身体越来越不好，可是女儿不怎么来看望她。每次电话中，周老太都听到女儿以工作忙为借口，拒绝前来探望自己。伤心之余，周老太将女儿告到了法院，要求她履行赡养义务。

“我可以用存款和养老金支付养老院的费用，不需要女儿给付赡养费，只要求她每个月来看望我！”在法庭上，周老太十分动情地提出与金钱无关的亲情要求，却不料女儿仍表示无法满足。法院在协调未果的情况下，最后判决支持了周老太的诉讼请求。

【说法】

根据《中华人民共和国老年人权益保障法》(以下简称《老年人权益保障法》)第二十二条规定:“老年人对个人的财产,依法享有占有、使用、收益和处分的权利,子女或者其他亲属不得干涉。”所以,老年人退休后处分自己的财产,过自己想过的生活,子女不应干涉,这些财产当然更不能作为子女履行赡养义务的筹码。继承与赡养是两个完全独立的法律关系,赡养人不得以无财产继承为由,不履行赡养义务,同样也不得以放弃继承权为由,拒绝履行赡养义务。这些不仅违反法律规定,也不符合中华民族“百善孝为先”的传统美德。在日常生活中,子女应当在物质上、精神上、生活上给予老人全方位的关心和爱护,鼓励老人健康、快乐地生活,使他们在感情上得到慰藉,愉快地安度晚年。

父母有钱,不用给赡养费?

七十多岁的李大爷因为赡养费的问题,将他的四个子女告上法庭,要求每人每月给自己赡养费。庭审中,李大爷数落儿女的不是:平时不来看望自己,住院也没人照顾自己。

面对父亲的要求,四个子女都表示自己家庭有困难,生活并不宽裕:大儿子称家中孩子要结婚买房,二儿子说自己身体有残疾,三女儿表示丈夫有重病,四女儿则一直哭,表示父母不体谅自己。除此之外,四个儿女都提到了一点,父亲每月有将近四千元的退休金,根本不缺钱。“他们不孝顺,还不如乡邻呢!我的确有退休金,但是扣除生活费、医药费之后，几乎所剩无几。我问他们要这点钱不算多，就是生他们的气！”李大爷激动地站起来指着儿女说。

最终，经法院调解，老人子女同意每月支付老人赡养费。法官强调，虽然法律规定，无劳动能力的或生活困难的父母，有权利要求子女给付赡养费，但这并不是说，父母经济水平良好时，子女就无须赡养父母，子女赡养老人是不附加任何条件的。

【说法】

“如果老人不要求子女提供经济上的赡养，子女可以不用出赡养费，但只要老人提出给付赡养费的要求，子女就必须给予老人一定的费用。”法官解释说，至于赡养费的数额，则要根据老人生活上的需求、子女的经济收入和当地生活水平，由法院来定。

赡养也能花钱买断？

不久前，王老先生将儿子告上法庭，要求儿子小王支付医疗费三万元及每年赡养费5000元。王老先生已年近八旬，老伴儿早年去世，他一人将一双儿女养大成人。

法庭上，王老先生称，几年前儿子小王结婚成家，在新婚妻子的怂恿下，他与自己达成协议，表示一次性支付自己五万元后，有关自己的赡养义务将由小王的妹妹一人承担。爱子心切的王老先生签下了这份协议。然而，去年王老先生心脏不适，一直卧床不起，小女儿刚刚大学毕业，工作尚未稳定。小王曾支付的五万元早已花光，手术费、医疗费让王老先生忧心忡忡。小王辩称，自己的赡养义务已经“买断”，不会再支付任何费用。

法院最终支持了王老先生的诉讼请求，判定该协议无效。法院判决要求小王支付医疗费三万元后，赡养费由年支付5000元变为月支付500元。

【说法】

以书面协议的方式来约定赡养义务的案例不少。有兄弟间签订的《分包协议》、父子间签订的《父子协议》、父母与子女签订的《断绝关系协议》等。这些案例中，当子女以“协议”为由拒绝赡养老人时，法院都会判定，任何形式的免除赡养义务的协议都是无效的。

不看孙辈，就不赡养？

李大妈的孙女出生后，儿子因为经常出差，儿媳为照看孩子便辞去了工作。现在孩子大些了，儿媳身体也已经恢复，便决定再去上班。

儿子和儿媳想将女儿送到李大妈老两口家，希望他们帮忙照看。但老两口身体都不太好，照看起来十分困难，另外经常听说一些爷爷奶奶在家照看孩子出现意外的，李大妈怕自己也犯类似的错误，没办法向儿子儿媳交代。

当李大妈向儿子儿媳表示不愿照看孩子后，儿子大怒，称如不答应，他们就不履行以后的赡养义务，为此双方产生了矛盾。

李大妈觉得委屈，于是她来到当地司法所请求帮助。司法所工作人员将李大妈儿子儿媳约来进行调解。该工作人员说，父母有抚育子女的义务，子女有赡养父母的义务，但并没有规定爷爷奶奶有照看孙子孙女的义务。司法所工作人员考虑到李大妈的家庭情况和老人的身体状况，分别与老人和其儿子儿媳沟通，劝他们各退让一步。经过一番沟通，最终双方采纳了司法所的建议：由小两口出钱请个保姆，白天和老人一起照看孩子，晚上由小两口自己照看。

【说法】

老人是否帮助子女照顾孩子，不能作为日后子女是否赡养老人的标准，如果以此为条件，则是违法的。而从传统美德角度来说，“百善孝为先”，父母生养了你，他们老了你就必须承担赡养他们的责任，这是为人的基本道德准则。

“失独”老人主张扶养费的几种情况

在人身损害案件中，被扶养人是否“丧失劳动能力”“没有生活来源”，几乎成为每个案件争议的焦点。老人虽到退休年龄，但身体健康，可否视为“有劳动能力”？未到退休年龄，但疾病缠身，可否视为“无劳动能力”？有养老保险，是否属于“有生活来源”？“丧失劳动能力”一定需要司法鉴定确认吗？下面一一给予解答。

不能以“未到法定退休年龄”而拒付扶养费

张大娘是五十多的农村妇女，患有心脏病、高血压、神经衰弱症，是个体弱多病的弱女子，平时只能干些轻活。2014 年，张大娘唯一的儿子在一次交通事故中死亡后，因张大娘经受不了失独的打击，失眠症越发严重，彻底丧失了劳动能力。张大娘的老伴儿同样患病，只能干些轻体力劳动，每年仅靠种植四亩多承包地收入几千元来维持一家人的生计。为此，在与肇事方协商赔偿范围时，张大娘提出应予以扶养费赔偿。可对方认为，张大娘才五十多岁，未达到法定的接受赡养年龄，即使有病也不应主张扶养费。

【说法】

《最高人民法院关于审理人身损害赔偿案件适用法律若干问题的解释》第十七条规定："被扶养人是指受害人依法应当承担扶养义务的未成年人或者丧失劳动能力又无其他生活来源的成年近亲属。"该条法律表明，年龄并不是构成接受扶养的必备要件，只要符合"丧失劳动能力又无其他生活来源"的条件，就可主张扶养费。张大娘虽然未达到法定退休年龄，但符合法律规定的情形，因此向至其儿子死亡的侵权人主张赔偿扶养费，应当得到法律的支持。

不能以"有养老保险"而认定"有生活来源"

张大伯于多年前参加了新型农村社会养老保险。因经济条件差，张大伯是按最低线交纳的养老保险金。张大伯年满六十岁后便每月领取养老金。此后不久，张大伯唯一的女儿在某医院治病，因医方误诊而死亡。在协商医疗过错损害赔偿时，医方认为张大伯有养老金，不属于"无生活来源"之人，不应支付扶养费。

【说法】

《老年人权益保障法》第三条规定："国家保障老年人依法享有的权益。老年人有从国家和社会获得物质帮助的权利，有享受社会服务和社会优待的权利，有参与社会发展和共享发展成果的权利。”可见，在被扶养人享有养老保险，有最基本的生活保障的同时，仍有获得相对舒适、美好生活的权利。更何况张大伯每月的养老金不足以保障其基本生活，因此向侵权人主张给付扶养费，应当得到法律的支持。

儿女并非老年人“唯一”的依靠

计划生育政策自1982年实施以来，我国百姓的家庭规模急剧缩小，使得“养儿防老”这种传统的单一赡养方式显得难以支撑。那么，除了自己的儿女外，从法律规定的义务来说，哪些亲人还是您的老来依靠呢？

夫妻间有相互扶养的义务

年初，王某起诉已退休的丈夫刘某，要求被告每月给付其扶养费600元。法院经审理查明，从1988年起，原、被告因琐事产生积怨而分居，经济上互不往来。法院认为，尽管原、被告生活、经济早已分开，但仍存在相互扶助的义务，遂判决被告每月给付原告生活费400元。

【说法】

我国《民法典》第一千零五十九条规定：“夫妻有互相扶养的义务。需要扶养的一方，在另一方不履行扶养义务时，有要求其给付扶养费的权利。”也就是说，有扶养能力的一方，对于有残疾、患有重病、经济困难的配偶，必须主动承担扶助供养责任。如果夫或妻一方患病或者没有独立生活能力，有扶养义务的配偶拒绝扶养，情节恶劣、构成遗弃罪的，还应当承担刑事责任。本案中，被告有固定的退休金收入，所以原告有权要求被告给付适当的扶养费。

养子女有赡养养父母的义务

1963 年，杨云夫妇收养遭父母遗弃的侄女杨兰为养女。近年来，杨云夫妇年事渐高，便将自己的山林田地交由杨兰夫妇管理耕种，但此时杨兰已变得十分苛刻和吝啬，时常克扣供给养父母的生活必需品，致使老两口生活起居常没着落。两位老人将养女杨兰告上法庭，请求被告每月给付赡养费 700 元。法院经审理，判决杨兰每月给付养父母赡养费 500 元。

【说法】

《民法典》第一千零六十七条规定：“成年子女不履行赡养义务时，缺乏劳动能力或者生活困难的父母，有要求成年子女付给赡养费的权利。”这里的子女，是指婚生子女、非婚生子女、养子女和依法负有赡养义务的继子女。子女作为赡养人，应当履行对老年人经济上供养、生活上照料和精神上慰藉的义务，照顾老年人的特殊需要。本案中，杨兰夫妇虽都已是花甲老人，但她对养父母的法定赡养义务并不因年龄的增长而消除。

孙子女对老人有赡养的义务

年逾九旬的董老太早年丧夫，自己含辛茹苦把三个儿子拉扯成人。1987 年三个儿子分家单过，在分家协议上约定：董老太随三儿子一起生活，其余两个儿子每年为她提供口粮。近年来，由于儿子们也已年迈，无力赡养老母，以至于老太太连吃饭穿衣都成了问题。不久前，董老太向法律援助中心求助。法律援助中心受理后，召集董老太的十几个孙子女进行调解，最后达成孙子女们排班照顾老人日常生活，平摊老人所需的米面、生活费的赡养协议。

【说法】

《老年人权益保障法》第十四条规定："赡养人应当履行对老年人经济上供养、生活上照料和精神上慰藉的义务，照顾老年人的特殊需要。赡养人是指老年人的子女以及其他依法负有赡养义务的人。"这里的"其他依法负有赡养义务的人"，是指依法负有赡养义务的孙子女、外孙子女。《民法典》第一千零七十四条规定："……有负担能力的孙子女、外孙子女，对于子女已经死亡或子女无力赡养的祖父母、外祖父母，有赡养的义务。"从上述规定可以看出，祖父母、外祖父母和孙子女、外孙子女是隔代的直系血亲关系，负有隔代赡养的义务，故本案中祖母和孙子女达成的调解协议是合理合法的。

兄弟姐妹之间有相互赡养的义务

夏荣、夏华和夏群系姐弟关系，他们的父母早年去世。为了扶养两个弟弟，大姐夏荣一直没有成家，在家乡务农。小弟夏群大学毕业后留校，生有一子，他便让大姐为其照顾孩子、料理家务。年初，年逾花甲的大姐患了乳腺癌。住院后，夏群夫妇不但不到医院照料，还打电话让在农村的大哥夏华来照顾姐姐。经治疗，夏荣花去医药费四万余元。夏荣认为，小弟工资收入高，自己对他尽的义务也最多，故他应该承担这笔医疗费。双方为此多次协商，未达成一致。无奈之下，夏荣将夏群告上法庭。法院经审理，判决支持了原告的诉讼请求。

【说法】

兄弟姐妹是最近的旁系血亲，包括同胞兄弟姐妹、同父异母或同母异父兄弟姐妹、有抚育关系的继兄弟姐妹和养兄弟姐妹。在特定条件下，兄、姐与弟、妹之间会产生附条件的扶养义务。《老年人权益保障法》第二十三条规定：“由兄、姐扶养的弟、妹成年后，有负担能力的，对年老无赡养人的兄、姐有扶养的义务。”弟、妹扶养兄、姐需满足三个条件：即弟、妹是由兄、姐扶养长大成年的；弟、妹有负担能力；兄、姐丧失劳动能力又缺乏生活来源。本案中，被告符合法律规定的弟、妹对兄、姐承担赡养义务的条件，故法院判决支持了原告的诉讼请求。

——法律小贴士——

【百善孝为先，儿女应常回家看看】

无论父母有多少子女，所有子女对父母都有赡养义务。这既是子女的法定义务，也是道德义务，这种义务不会因任何原因而减少或者消失，子女不能因任何原因推诿自己的责任。

赡养不仅仅是经济上的满足，根据《老年人权益保障法》，赡养义务主要包括“经济上供养、生活上照料和精神上慰藉”。即便是老人在经济上能够负担一部分或基本能自足，子女仍应履行“生活上照料和精神上慰藉”等义务。老年人在自己老无所依、老无所养，又与子女协商无果时，要摈弃顾虑，勇敢拿起法律武器来保护自己的合法权益。

作为父母，在处理日常家务事时，要注意方式方法，加强与子女的沟通与交流，避免让子女产生不必要的误会和抱怨，给自己本应安详度过的晚年制造麻烦。作为子女，也要多体谅父母迈入老年后的身体和心理上的转变，凡事多为父母着想。其实，很多老人对子女的要求很少，只要子女有心经常与父母联系，就能够使老人不再有“被忽视、被孤立”之感。而除当面探望以外，子女其实还可以通过电话、书信、语音视频等多种方式问候。

俗话说“家有一老，如有一宝”，赡养的根本目的是保障老人安享晚年，这也是家庭美满、幸福之源。

第三篇
财产权益

——谨慎处理财产，维系法理人情——

在家庭关系中，稍有不慎就容易发生纠纷，因此以法律要素界定自己的行为显得尤为重要，但是在现实社会中又有几人能理智地应对亲人之间的一切经济交往呢?

家庭无小事，亲情需呵护，但在情理和法理发生冲突时，倾诉、倾听、沟通，是保护自己的财产、维系亲情的最佳方式。

老爸法庭讨要婚宴开销

为将儿子的婚礼办得风光体面，老爸支付了一笔不菲的费用。儿子与儿媳分道扬镳后，老爸却走上法庭，要求他们返还婚宴开销。

家住湖南益阳的苏老先生步履蹒跚地走进法院，向法官递交了一份起诉状，要求儿子苏超与前儿媳何颖共同返还举办婚宴的费用8.3万元。开庭的那天，苏老先生说，儿子和前儿媳在恋爱期间就经常为一些鸡毛蒜皮的事争执，他一度认为两人已经没必要举办婚礼了。后来小两口执意要求举办婚礼，并信誓旦旦承诺日后将用心经营婚姻，因为两人经济并不宽裕，还提出让苏老先生承担婚礼费用。

苏老先生表示，此前自己已经出资十多万元供他们装修婚房了，所以对于承担婚宴费用，他与儿子儿媳作了事前约定：婚宴开销由苏老先生承担，但如果苏超与何颖日后离婚且未生育子女，则需将婚宴费用返还给自己。双方还白纸黑字签订了书面协议。没想到一语成谶，儿子结婚不到两年真的离婚了。苏老先生认为，儿子和前儿媳应当向他返还婚礼费用。儿子自然表示同意，但前儿媳却不答应了。她聘请律师出庭应诉，提出三点抗辩意见：第一，关于费用，只认可婚礼当天以刷卡方式支付的6.1万元；第二，以离婚作为赠与合同的解除条件有违公序良俗，应当归于无效；第三，苏老先生与苏超系父子关系，苏超主动提出离婚促成赠与合同的解除条件，对她不公平。

法庭最后判决被告苏超、何颖应返还原告苏老先生8.3万元。

【说法】

法院为什么支持了苏老先生的诉讼请求呢？其实，本案涉及两个争议焦点：一是原告苏老先生实际支付的婚礼费用金额；二是涉案合同所附解除条件是否有效。关于婚礼费用，庭审查明，婚礼费用由三部分组成：婚礼当天刷卡支付部分，预订婚宴时预付的定金，购买用于婚宴的喜糖、香烟及酒品的费用。法庭经过审理后认为，原告提供的相关发票、收据所记载的日期、数量、金额等信息与两被告的婚礼需求相符，足以认定原告主张的用于婚礼的8.3万元开支。

关于合同所附解除条件是否有效，法院认为，两被告都已成年，父亲为儿子和前儿媳支付婚礼费用并不是父亲的法定义务。父母出于经济资助或传统习俗等因素考虑，自愿负担子女的结婚开销，其中包含了对子女缔结婚姻的祝福和对婚姻幸福长久的期待。涉案合同以两被告离婚且未生育作为解除赠与的条件，其实质是原告对自身经济利益有所期待的事实未能兑现的情况下的一种保护，不是对两被告婚姻自由的限制。而且，相对两被告对自己婚姻状态的自主选择权而言，涉案费用的金额并不足以构成对该种人身权的非法阻遏或限制。因此，法庭不认为涉案合同所附条件违法。涉案赠与合同在两被告离婚时失去效力，两被告应当履行向原告返还婚礼费用的义务。

一纸《证明》引发情理法理大拷问

不久前，齐家老两口将自己的儿子儿媳告上了法庭。而两场官司打下来，齐家已不再是一片其乐融融的景象。

齐家老两口是普通的工薪阶层，靠半辈子的精打细算给儿子买了一套小两居，后来又为他操办婚礼，把儿媳娶进了门。结婚两年后，小两口提出先换一套大点儿的房子再要孩子，齐家老两口同意了。小两口便卖掉原来的小两居，买了一套新房。可一年半过去了，孙子没见呱呱坠地，一家人却打起了官司。

第一次上法庭时，老两口拿出了一张重要的《证明》，上面写着："××年12月9日买空调1.5万元；××年12月23日交房屋维修金、物业费、收视费、供暖费4.2万元；××年2月付装修、家具费8.3万元……"《证明》的最后有儿子儿媳的签名，各种费用加起来一共将近20万元。老两口说，这些钱都是他们陆续借给儿子夫妻俩装修房屋、购买家具家电的，要求还钱。

儿子承认曾经借了父母的钱，可儿媳的说法却大相径庭，她声称《证明》其实是夫妻俩日常生活记的账，根本不是什么借条。这笔钱原本是公婆对他们装修的资助，应该算是赠与。一审法院经审理认为，虽然这份《证明》没有写成借条的形式，但儿子儿媳都在上面签了名，而且《证明》是老两口拿到法院的，说明一直由公婆保管，这些明显不符合夫妻俩在生活中记账的习惯。所以认定这笔钱是借款，判决儿子儿媳偿还。

儿媳很快便提起了上诉，认为一纸《证明》根本不能说明他们向父母借了钱。老两口则拿出了几张银行单据和收据，证明曾经给儿子儿媳汇过款、付过账。而二审法院调查之后认为，借贷关系的存在需要具备两个条件：借贷的意思和钱款的交付。老两口手中的《证明》只写了钱款的用途和数额，虽然末尾有儿子儿媳的签名，但是仅凭这些，看不出四个人之间有借钱的意思，老两口后来提交的单据也都只说明有钱款的交付，却不能证明是借贷还是赠与，因此改判儿子儿媳不必还钱。

【说法】

两场官司，两个截然相反的结果。公婆有公婆的说法，儿媳有儿媳的主张。法院不能让过去重现，所以有时无法还原百分之百的事实，只能根据证据作出判决。亲情归亲情，钱财要厘清。法院之所以判决《证明》不是借条，是因为真正的借条可以不约定还款日期和利息，但上面必须有借款的意思表示，也就是写明：一方向另一方借款。所以即使儿子儿媳都签了名，但也不能把它视为借条。

这个案子其实给我们提了个醒：父母、子女乃至其他亲人，如果有金钱往来，一定要多一些谨慎和理智。如果真是借款，保险起见还是要写借条、签字，而且最好写清楚钱的用途，尽量不要使用现金，保留好银行的单据，要是能有其他证人在场就更好了。

父母垫资帮助儿女买房的钱能索回吗？

老陈夫妇都已年过七旬，自多年前与儿子儿媳共同出资购买了一处住宅后，一直居住其中。购买时房屋价格为 120 万元，老陈夫妇、儿子儿媳两方各出资 60 万元，房屋产权登记为四人共同所有。

随着房地产市场的火热，等四年后挂牌转售时，这套房子的市场价格已经涨到了 308 万元。

老陈的儿子儿媳为了改善女儿的上学环境，想把自己原来的一套老房子卖掉，再买一处“学区房”。然而，在出售老房的过程中遇到一些问题，导致资金不足。老陈就想到了转让正居住的这处住宅凑集资金。在以 308 万元的价格将房屋出售后，他们终于如愿购买到“学区房”，之后那套老房子也顺利售出。老陈夫妇原本以为房款会被返还，但拖了一年，儿子儿媳仍执意不还，老陈夫妇于是诉至法院。

庭审中，儿媳辩称，当初两原告和两被告出资购买的房屋，目的是赡养双方老人。两原告曾承诺将该房屋赠与两被告，因而相应的销售房款也属赠与，没有义务进行返还。还好儿子站在父母的一边，他表示同意返还 154 万元房款，并证明两原告的卖房垫资行为属于借资而不是赠与。

法院审理后认为，根据现有情况来看，两被告完全有能力独立完成房屋置换，根本不需要依靠出售与老人合买的房屋获取资金，两原告虽同意将合买的房屋出售，且房款由两被告收取并支付，但就其真实意思应为提供资金周转帮助。如果两原告欲为两被告出资购房而出售合买的房屋，那么按常理会提前安排出售，统筹考虑资金安排，而不是在资金出现问题的情况下再考虑出售。何况，两原告曾向被告转账 50 万元并收取借条，也可证明两原告已对两被告购房提供了一定的帮助，在此情况下，两原告再将应属其所有的巨额房屋出售资金赠与两被告购房，显然不符合常理，故两原告要求还款合法有理。

据此，法院作出一审判决，被告儿子儿媳返还房屋出售款 154 万元。

【说法】

纵观本案案情，虽然原告方在出资的时候没有明确表示是借贷，但是从其行为可以看出，其本意应是借贷。出售共有房屋的行为发生在被告方购房资金短缺的时间点，这种情况下，将售房行为理解为为解决资金问题而实施的无奈之举更为妥当。而如果是赠与，应将资金提前转给被告方才合理。因此，原告方的意思表示应为借贷，而非赠与。在此，提醒大家在实施相关的法律行为时，最好留下字据，明确表示自己的态度，尤其是发生在亲友之间的借贷，不然很容易引起纠纷。

赠房不过户，儿子起诉父母

林辰伟二十四岁的时候父母协议离婚了，出于一种补偿心理，林辰伟的父母约定把家里的房子赠与儿子。一转眼五年过去了，林辰伟多次找到父亲林子峰，要求将房产过户，得到的却是一而再、再而三的搪塞。前思后虑，林辰伟将父母同时告上了法庭，请求法院依法判令父母立即协助将房屋产权过户到自己名下。

对簿公堂让六十多岁的林子峰觉得很没面子，他当庭向法官说出了自己的最新想法。庭审中，林子峰表示，涉案房屋系两被告原夫妻关系存续期间的共同财产。在自己与前妻离婚时，协议将涉案房屋产权过户到儿子名下，这个行为属于赠与行为，因为本案赠与的是不动产，还需要过户才能成立。到目前为止，自己与前妻均未办理房屋过户手续将房屋赠与儿子林辰伟，所以当初立下的赠与协议至今仍没有成立，不能产生赠与的法律后果。同时，林子峰还认为，由于儿子不求上进，对自己也很不尊重，所以现在自己决定撤销当初的赠与决定。

而作为母亲，冯丽娜则向法庭表示同意将房产过户到儿子名下。同时冯丽娜还表示，当年离婚时涉案房屋赠给儿子是自己与林子峰离婚的前提，如果当时没有这个条件，她是不会同意离婚的。

法庭调查在继续。随着调查的不断深入，时间追溯到三十年前，当年的林子峰和冯丽娜经自由恋爱后，领取结婚证。婚后林子峰因分家从父母那里得到了房产一处，即现在讼争房屋所在地。不久，两人的女儿出生了，随后林辰伟降生。1992 年，林子峰和冯丽娜把原先分家所得的房屋拆掉，翻建盖成了三间三层、登记建筑面积为 214. 4 平方米的房屋，随后该房得到了房屋所有权证。2006 年，林子峰和冯丽娜协议离婚，协议书第三条载明："两人现居住的三间三层、登记建筑面积为 214. 4 平方米的房屋产权归儿子林辰伟。该房先归女方管理。其中出租费在女方没有配偶前归女方所有。"签订协议后，由于经济原因，林子峰、冯丽娜均没有搬出。时光如白驹过隙，一转眼多年过去了，房子的市价不断攀升，目前已达到了约二百万元。

法院经过审理认为，夫妻共同财产的处理，必须达成双方态度一致，这份离婚协议是在夫妻达成一致的情况下签订的，不允许部分反悔撤销，且至目前，该房屋赠与合同仍合法有效。随后，法院作出一审判决：被告林子峰、冯丽娜于本判决生效之日起三十日内协助原告林辰伟办理房屋的过户手续。

【说法】

《民法典》第六百五十八条第二款而言，具有"道德义务性质的赠与”，是不可以撤销的。夫妻双方离婚时约定将财产赠与子女，恰恰是“为了履行基于亲情等道德上的义务”，从这一角度看，双方的赠与仍然具有不可撤销性。

亲情，这个世界上最宝贵的东西，却在市值约二百万元的房子面前显得如此脆弱无力。法律终于作出了判决，儿子得到了法律保障，得到了父母履行赠与协议的判决，可是看似美好的背后隐藏着的却是亲情的缺失。亲情与物质，如何权衡，值得每个人去思索和体味。

父母出资购房，夫妻闹离婚，房子该归谁？

房子一直是国人最大的顾虑和期盼，有些婚房是父母出资购买的，那“劳燕分飞”后房子到底归谁？

父母全额出资，成了小夫妻财产

刘畅和夫妇有一个独生子，几年前儿子和其女友登记结婚了。婚后第二年，刘畅和夫妇出资近百万元买了一套房子给儿子儿媳住，由于儿媳有购房资格，能享受优惠，夫妻俩便让儿媳与开发商签了购房合同。

好景不长，小两口感情不和，准备离婚。于是刘畅和夫妇拿着全套购房手续和收据立即起诉儿媳，自称是委托儿媳购买房屋，要求法院确认房子归他们所有。儿媳则一口咬定，房产证上登记的是她的名字，而且还是她单独所有，房子自然应该属于她。

法院审理后认为，婚后由一方父母出资为子女购买的不动产，产权登记在出资人子女名下的，视为只对自己子女一方的赠与，该不动产应认定为夫妻一方的个人财产。刘畅和夫妇在儿子儿媳登记结婚后出资购买的房子，应为儿子夫妻俩共同财产。由于没有有效证据，法院没有认可刘畅和夫妇委托儿媳买房的说法，驳回他们要房子的请求。

房子要不回来了，刘畅和夫妇就琢磨怎么要回购房的那 100 万。他们再次起诉，这次告儿子儿媳偿还购房款及利息。刘畅和夫妇向开发商支付了购房全款无可辩驳，但儿媳表示，她与公婆没有书面的借款合同，并非借贷关系。

法院认为，根据《民法典》中的相应规定，当事人结婚后，父母为双方购置房屋出资的，该出资应当认定为对夫妻双方的赠与，但父母明确表示赠与一方的除外。从司法解释的规定来看，在没有相反证据的情况下，父母为子女购置房产的出资应视为赠与意义上的出资。刘畅和夫妇说购房款是借款，但拿不出借条、协议等相关证据来证明，法院不予采信。刘畅和夫妇再次败诉，他们全款买的房，被认定为是儿子儿媳的共同财产，他们出的购房款也成了赠与，要不回来了。

事先有协议，房产归父母

几年前，李坚的儿子小李结婚了。婚后第二年，小李将父母早些年给他买的婚前房产出售，卖了 50 万元，把这些钱连同父母又给的几十万元凑在一起，自己又贷了些款，换了一套大房子。

上百万元给出去，房子登记在儿子儿媳名下，李坚夫妇为了保障自己的权益，和儿子儿媳共同签下了一纸协议，协议内容为：李坚夫妇出资 120 万元，儿子儿媳出资 30 万元，购买了这套楼房。房产证可以直接落在儿子儿媳名下，但房屋所有权属于李坚夫妇所有；儿子儿媳必须保证赡养、孝敬父母，否则，两人须退还李坚夫妇120万元，并承担相应利息；儿子儿媳居住该房，但李坚夫妇也拥有长期居住的权利，儿子儿媳不得干涉；在李坚夫妇去世后，房屋由小夫妻继承；儿子儿媳不得擅自出卖房屋，否则也要偿还李坚夫妇120万元和相应利息。

过了几年，儿子儿媳离婚了。李坚夫妇凭借着当年签订的协议书，要求法院确认房子的归属。判决书认定，房屋虽然登记在儿子儿媳名下，但双方约定很清楚，房子属于李坚夫妇所有，并非小夫妻的共同财产。法院也提示儿媳，对房子出资及房屋分割问题，可以通过析产等方式另行主张权利。

全额出资登记在一方名下，视为一方个人财产

王艳和杨磊五年婚姻画上了句号，为了一套婚内购买的房产归属，两人走上法庭撕破了脸。王艳说，房子是用两人的积蓄和向亲友们借款买的，虽然登记在杨磊一个人名下，也应该属于夫妻共同财产并予以分割。而杨磊表示，这套房子是自己父母全额出资买下的，为此还向亲戚借了钱。四次付款给开发商，都有银行转账记录作证。

法院审理后认为，此案涉及的房屋，虽然是夫妻俩结婚之后购买，但购买房屋时双方登记结婚仅七个月，到房屋全款付清时结婚也还不到一年。根据杨磊提交的签订购房合同前后其父母出资的证据，可以认定该房屋是杨磊父母出资，登记在杨磊名下，根据法律规定，应视为杨磊父母只对儿子的赠与，该房屋应为杨磊的个人财产。

【说法】

年轻人工作压力大，工薪阶层无法全额付款，这时候很多父母都会拿出积攒多年的积蓄帮子女买房。婚房是重要的夫妻财产，因为涉及父母出资、按揭还款，以及房子登记谁名下等复杂问题，所以纠纷不断。不能简单地认为，房子登记谁的名字就是谁的。

通常，父母出资购房在子女婚变时会产生几类诉讼。第一类占比例最大，是子女争房子。即在离婚诉讼中，出资一方的子女认为是父母出资对自己个人的赠与，房子就属于个人财产。第二类是偿还借款。有的子女会在离婚时主张父母的出资是借款，需要作为夫妻共同债务偿还；还有的父母自己当原告，打债权债务诉讼，要求其子女及配偶还钱。第三类是父母要房子。有的父母表示自己出钱买房，只是登记在子女名下，因此打官司确认自己对房屋的所有权。

在审判实践中，虽然父母出钱这事在审判中大部分都能被认定，但让父母理解不了的是，房子却通常都被认定为小夫妻的共同财产了。大部分案件中，父母全额出资和房产登记一人的条件不能同时满足，因此房子才通常被认定为夫妻共同财产。

此外，司法解释还规定，当事人结婚后，父母为当事人双方购置房屋出资的，该出资应当认定为对小夫妻的赠与，但父母明确表示赠与一方的除外。这就是说，如果没有明确表示是给自己子女一个人的，子女结婚后，父母给买房子的钱，就是送给子女和其配偶两个人的，既然是送的，也就要不回来了。

前文中提到的偿还借款的官司，玄机也在于此。如果房子不能被认定为子女一方个人财产，那么要求偿还借款就成为一种父母“止损”的办法。如果能被认定是借款，父母的出资就可以“收回”，小夫妻再去分割的实际上就是房屋的增值部分。比如父母花 100 万元给儿子买了婚房，现在变成 300 万元，如果认定为赠与，那 300 万元的房子就是一人一半，儿媳分走 150 万元。而如果认定为借款，那么儿子儿媳就先得偿还 100 万元，剩下 200 万元一人一半，相当于儿媳只能分走 100 万元。

至于父母主张借名买房打官司要房的，需要有充分的证据，前文中父母要房的案例就是范本。不动产的所有权证书具有公示公信的效力，然而这并不影响权利人以协议、合同等形式处分相关权益。意思表示真实但未经登记的所有权变动协议，仍受国家法律保护。也就是说，父母出资给子女买房，登记在子女名下，如果能通过协议的方式约定自己对房产的所有权，也是一种对自己权益的保障。

父母为子女出资购房，怎样才能更好地保护出资父母及其子女的权益呢？这里给出几点建议。

第一，父母与自己的子女或者子女夫妻双方签订一个赠与协议。赠与协议的内容就是买房出资是对自己子女一方的赠与，并不赠与另一方，不属于夫妻共同财产。那么，即使子女离婚，父母赠与自己子女买房的出资也不会被分割。

第二，出资应直接从银行转账给房屋出卖人。父母为购房出资了，就要证明钱是父母出的，银行转账是最好的证明，避免交付现金。

第三，房屋产权应登记在自己子女一方的名下。如果房屋能登记在父母与子女名下，则更有利于保护父母的权益。如果在购买时房屋就登记在父母和子女的名下，父母和子女对房屋按份共有。因加名等对房屋的处置行为需要其他共有人的同意，从而保护父母及自己子女的合法权益。

过早处分财产，没了房子飞了养老

“请你们帮帮我，我妹妹和外甥拿走了我的拆迁房，可他们却不给我养老。”九旬的失明独居老人冯奶奶拄着拐杖艰难地推开了法律援助中心的大门，哭诉自己的遭遇。冯奶奶高龄独居，双眼失明，最担心的就是生活无人照料。几年前，冯奶奶得知自己的房子被列入拆迁范围，很开心。她的亲妹妹听说这一消息后，带着两个儿子从匆匆从外地赶来与老人见面。

那次见面后，冯奶奶和妹妹一家就冯奶奶的养老问题达成了协议：冯奶奶将拆迁分得的 110 平方米新房产权给妹妹，由妹妹照顾她的生活起居，妹妹允诺她居住在新房内直至身故。

房子的产权给出去了，然而，冯奶奶的晚年生活却没有如她所愿过得安稳。老人说，妹妹并没有很好地照顾她，还将房屋产权转至其儿子小磊的名下。五年来，冯奶奶多次打电话给远在外地的外甥小磊，让他来照顾自己，可小磊并没有照顾老人的生活起居，经常匆忙过来一趟，看一眼老人就完事了，平时言语之间也不怎么贴心。

无奈之下，冯奶奶找到了法律援助中心寻求帮助。老人的要求也很明确：希望外甥以后按月支付赡养费及医疗费 2000 元。

法援律师将案件送至法院调解处，在法官、律师的多番努力劝说下，最后双方达成调解协议：小磊一次性支付冯奶奶今后的生活费、护理费、医药费，并且同意她在新房内居住到过世。

尽管冯奶奶和亲妹妹一家人“撕破了脸皮”，但好在问题终于得到了解决。

【说法】

根据《民法典》第六百五十八条第一款的规定："赠与人在赠与财产的权利转移之前可以撤销赠与。"一般情况下，赠与房产只要过户就完成了赠与行为，赠与人不得反悔。但《民法典》第六百六十三条同时规定，"受赠人有下列情形之一的，赠与人可以撤销赠与：（一）严重侵害赠与人或者赠与人的近亲属的合法权益；（二）对赠与人有扶养义务而不履行；（三）不履行赠与合同约定的义务"。

一般来说，如果儿女、亲属不尽赡养义务，老人可以起诉撤销赠与。需要注意的是，"赠与人的撤销权，自知道或者应当知道撤销原因之日起一年内行使"。另外，如果房产进行了买卖过户，发生了权利的二次转移，诉讼撤销赠与的请求将得不到支持。

希望老年人在处理自己的财产时，一定要谨慎再谨慎，不要过早处分财产，必要时可签订协议。确需处分财产的，应尽量公平公正，和子女、亲属充分协商。为了避免类似纠纷，老人不妨写下书面赠与合同，对财产的赠与予以约束，同时附加赡养协议，并到公证处进行公证。如果老人处分财产后落入无人赡养和照顾的境地，可以要求撤销赠与协议。这样，老人既可按照自己的意愿妥善安排财产，又可避免因过早处分财产而引发矛盾，一举两得。

女儿获赠房产后不尽孝，打官司要回？

老张夫妇育有一儿两女，多年前，夫妻俩将名下的一处房产赠与大女儿，并在公证处进行了公证，之后又办理了过户手续。这处房产的产权虽然归属了大女儿，但由老张夫妇一直居住着，不久，张老伯的老伴儿因病去世了。

随后，张老伯第一次将大女儿告到法院，起诉原因是张老伯声称被大女儿骗了，要求撤销该房产赠与。张老伯表示，房屋赠与大女儿的时候，双方说好了一个附加条件，就是要求大女儿用此房抵押贷款给老伴儿治病。但房子过户以后，大女儿一直没有去办理贷款，也没有为他老伴儿支付过医疗费。而张老伯大女儿则说，当初父母赠与房屋完全是自愿的，母亲的医疗费大部分都是她支付的。但张老伯无法举证当初双方签订房产赠与合同时，是带有附加约定条件的，另外该赠与合同已履行完毕，法院遂判决驳回了张老伯的诉请。

两年后，张老伯第二次向法院提起诉讼。起诉的要求是，要大女儿支付赡养费及医疗费。经法官调解，双方达成了调解协议，由大女儿每月支付张老伯 2000 元。没想到，仅仅两个月之后，张老伯又来到法院，请求法院申请强制执行，理由是大女儿推迟支付费用已经好几天了。法院按照程序，执行了相关费用。

又过了一年，张老伯第三次向法院起诉，称大女儿未能及时支付赡养费，还打砸自己居住的房屋。张老伯请求法院撤销赠与的房屋。不过，之后张老伯又撤回了起诉。

不久，张老伯第四次起诉到法院，起诉理由与第三次一样，还是要求撤销房屋赠与。庭审期间，张老伯的大女儿也作了陈述，称自己并未打砸房屋，延迟支付赡养费是得到父亲准许的。法院审理后认为，老张夫妇将房产赠与大女儿，并办理了公证手续及房产过户手续，但赠与合同没有说明附加条件，这也成为撤回赠与房产的潜在纠纷因素。从另一方面来说，儿女对父母都负有法定的赡养义务。赡养义务除了在经济上提供必要的生活用品和费用外，还应在生活上、精神上、感情上关心、尊敬父母。双方因赡养费、医疗费等纠纷多次诉至法院，虽然调解成功了，但大女儿未按协议约定履行义务，支付赡养费也存在延迟情况，这些都严重侵害了张老伯的自身利益。因此，法院判决支持张老伯撤销50%份额的房屋赠与权。

一审判决后，张老伯的大女儿提起了上诉。宁波市中级人民法院终审维持了原判决。

【说法】

建议老年人签订《遗赠扶养协议》(协议中的扶养主体必须是法定继承人以外的公民或集体组织)，这是目前比较好的解决老人养老问题的方式。就本案来看，张老伯赠与房产本是使大女儿取得利益的行为，如果大女儿对张老伯有不履行合约的行为或是其他不赡养行为，张老伯可以依法撤销赠与，这也是法律对赠与人合法权利的一种保护。此外，必须提醒的是，若赠与是附有条件的，则应在合同中写明，否则口说无凭。

兄长滥施监护权，失智老人房产被贱卖

精神病人、失能失智老人等无民事行为能力人，由于无法作出真实的意思表达，因此法律为之设定了监护人。但是，在监护人履行监护义务的过程中，或出于对被监护人权益的漠视，或图谋于其经济上的利益，或为弥补长期照顾的拖累而寻求精神平衡，因此侵犯被监护人房产等财产性利益的行为时有发生。

符丽患有精神疾病，为此家庭不睦，前夫起诉至法院，要求与其离婚并分割共有财产。当时，符丽的兄长担任其监护人，帮助符丽参与诉讼。最终，经法院判决，符丽与前夫解除婚姻关系，两人共同居住的房屋判归符丽所有。

此后，符丽因精神疾病经常发作，因此住进医院进行治疗。四年后，其兄长以监护人的身份，将符丽名下的房屋以56万元的价格出售给了他人。几年后，符丽的女儿圆圆成年，圆圆向法院起诉要求变更监护人为自己，法院支持了圆圆的诉请。

之后，符丽的病情开始稳定，并欲出院回家，可是却突然发现自己的房屋被其兄长以56万元的价格出售了，而自己却分文未收。经了解，目前该房的市场价值已达105万元。为此，圆圆作为符丽的法定代理人向法院提起诉讼，要求其舅舅返还售房款56万元，并赔偿损失49万元。

对此，符丽的兄长辩称，其出售的诉讼争议房屋是实际所需，没有损害符丽利益。因为符丽与前夫离婚后，一直由其来照顾。他考虑符丽的生活和治疗所需，才出售了诉讼争议房屋。现符丽的兄长同意返还房款，但应扣除这些年符丽的生活和治疗支出。至于49万元的赔偿损失，没有法律依据，因此不同意此项诉请。

经法院依法审理，作出一审判决：符丽的兄长返还符丽诉讼争议房屋的售房款56万元，并赔偿相应利息，按中国人民银行规定的同期贷款利率计算，自房屋被出售转让之日起计算到符丽的兄长实际返还房款之日止，驳回符丽的其他诉讼请求。

【说法】

根据法院调查的事实，符丽本身已有为数不低的医疗保险和养老金，足以支付其医疗、护理、生活等各项费用。而其兄长又无法证明其出售符丽房产具有正当理由，因此其行为属于滥用对符丽财产的处分权，为此应当承担赔偿责任。而《民法典》规定，侵害他人财产的，财产损失按照损失发生时的市场价格或者其他方式计算。就本案而言，符丽的损失发生在其兄长将其房屋出售时，因此符丽以起诉时的市场价格主张损害赔偿，无法律依据。

考虑到其兄长长期占用售房款，其行为造成了符丽对该款项占有利用权的丧失，即同期利息的损失。因此法院除判令其兄长返还当时的售房款外，同时判令其支付利息。

妻子侵犯共有权，共有房产被变卖

罗老伯与妻子虞老太育有一子一女。二十世纪八九十年代，罗家四口一直居住在湖南益阳市区的一处老宅里。当时，该老宅的产权人登记为虞老太。后来，随着罗家人生活水平的逐步改善，他们搬进了公房，老宅则出租用来补贴家用。

退休后不久，罗老伯患上了阿尔茨海默病(老年痴呆症)，丧失了行为能力。为此，身体还算硬朗的虞老太，经过法定程序成为罗老伯的监护人。虞老太考虑，女儿罗美住得离自己很近，方便经常来照顾。而儿子罗强虽算孝顺，但毕竟在外地工作，将来如依靠他存在诸多不便。为此，虞老太瞒着儿子擅自与女儿签订了一份房屋买卖合同：罗美支付虞老太十万元，用于虞老太和罗老伯今后养老之用，而老宅则转至罗美名下。合同签订一年后，虞老太突然因病去世。在料理母亲身后事的过程中，罗强、罗美因为意见不合发生争执。由此，双方在涉及罗老汉的赡养问题上相互推诿。

不过终究念及亲情，几年后，退休后的罗强返回益阳市，开始照顾父亲的起居饮食，同时，他通过法律程序成为罗老伯新的监护人。在照料罗老伯的过程中，罗强发现老宅的产权人早已由母亲虞老太变更为妹妹罗美，而自己对此却一无所知。眼看父亲由于长期卧床，不仅要开喉管注射流质食物解决吃饭问题，而且还要定期请人翻身擦洗以防褥疮，为此开销增加，而妹妹对此却不闻不问。一怒之下，罗强作为罗老伯的法定代理人向法院提起诉讼，要求确认虞老太与罗美签订的房屋买卖合同部分无效，罗老伯享有该老宅的一半产权。

对此，罗美辩称，父亲患老年痴呆多年，母亲决定转让名下房产时，不可能与父亲协商一致，且父亲当时名下另有房产，母亲对自己名下房产的处理并不影响父亲的生活，故不同意父亲的诉请。

经法院依法审理，作出一审判决：虞老太与罗美签订的房屋买卖合同部分无效，老宅 50% 产权归罗老汉所有，50% 产权归罗美所有。

【说法】

本案中，老宅虽登记在虞老太一人名下，但该老宅系罗老汉与虞老太夫妻关系存续期间取得，应认定为夫妻共同财产。而自罗老汉患阿尔茨海默病后，虞老太作为其监护人，理应履行监护职责，保护被监护人的人身、财产及其他合法权益，除为被监护人的利益外，不得处分被监护人的财产。因此，虞老太擅自转让属于罗老汉部分的财产行为无效。

母亲委托儿子理财，百万财产撕裂家庭

某小区内的一场家庭纠纷让人关注：白发苍苍的老母亲将自己的儿子儿媳告上了法庭。一年前，赵枫林交付给儿子100万元人民币委托其认购信托理财产品，在投资的一年里，这笔理财产品赚了将近十万元。可谁知一年后儿媳对该笔款项的归属产生了歧义并坚持不归还。婆婆说该笔款项是委托理财，要求儿子儿媳归还。儿媳说该笔款项是婆婆的赠与。

激烈争吵过后，赵枫林向人民法院提起诉讼，要儿子儿媳偿还自己的理财款及相应的资金收益。在审理过程中，赵枫林的儿子向法庭陈述其确实收到了母亲交付的100万元，也认购了相关理财产品，在此期间由于家庭矛盾，没有及时将钱款返还，他同意在产品到期后将本金和收益均返还给母亲。可儿媳李心如却始终与婆婆剑拔弩张，法庭上她言之凿凿地表示，婆婆在自己婚前和自己承诺，要在婚后给予自己和丈夫一笔款项，支援两人的生活。结婚登记后，婆婆果真给付了两人100万元，让两人用于投资，所以这笔款项应属于赠与行为，是属于她和丈夫的夫妻共有财产，根本不应该返还。

虽然起诉了儿子儿媳委托理财纠纷，但是赵枫林手上并没有书面的委托理财合同。在庭审中，其儿子提供了自己和母亲的账户明细清单、基金对账单等证据材料，材料上明显地标注着赵枫林委托儿子操作的各项基金收买赎回记录，而每一笔资金记录的最终去向都表示出儿子早已将母亲的理财本金和收益通过转账的形式归还至母亲的账户中，令老人意想不到的是，正是这些陈年旧账成了这场官司的核心证据。

法院通过调取相关书面证据查明，赵枫林确实以本票方式交付儿子儿媳100万元。随后，儿子以自己名义与信托有限责任公司签订了资金信托合同，认购资金金额为100万元。至合同终止时，信托有限责任公司已将信托本金和收益总计1081161.11元划拨至儿子指定的银行账户。同月，儿媳将上述款项转存至自己的银行账户中。

法院经审理认为，赵枫林交付给儿子儿媳的100万元，虽然双方当事人目前均未提供有效的书面证据，直接证明该款项的性质，但是根据近年来儿子儿媳的账户明细清单以及儿子名下的基金对账单等证据材料，可以确认赵枫林数年来确实不间断地委托儿子进行大额投资理财操作的事实，故儿子儿媳应当及时将上述款项归还给委托人赵枫林。至于儿媳提出赵枫林的百万资金系赠与性质的抗辩意见，因未向法庭提供充分的证据，不予采信。

在此案审理期间，儿媳同时也向人民法院提起了离婚诉讼。一段美满婚姻因婆婆的百万理财计划而引出两起诉讼，最终导致一段姻缘走向灰飞烟灭，实在不能不让人唏嘘。

【说法】

该属于你的就属于你，不该属于你的，就不该你拥有，财产也罢，婚姻也罢，都如此。在涉及大笔财产补偿、房产、遗产、投资收益等巨额经济利益面前，被割裂的往往是亲情。亲人之间防范意识较弱，经常出现因缺乏证据而导致判决结果让当事人无法接受的情况出现。在这里提醒大家，即使是家人，涉及资金往来还是要有证据意识。

老人借名买房风险太大

老人实际出资买房，房产却登记在子女的名下。有的是因年龄所限无法办理购房贷款；有的是遇房产新政实施没有购房资格；还有的是为了让子女继承遗产时少交税费……老人们各有缘由，不过风险也随之而来，以致引发诸多纠纷，甚至无奈诉至法院维权。

据老谌说，四年前房价高涨，他们刚好有一笔闲散资金，打算买一套房用来投资。为避免将来儿子继承房屋遗产时多交税费，老两口就直接以儿子的名义买房，把房子登记在儿子的名下，还与儿子签了协议：房子实际出资人是老谌，在夫妻二人都去世后，房子才归儿子继承。但后来老两口发现儿子沾染了赌博的恶习，不仅将工资和存款挥霍一空，还要卖掉他们出资购置的这套房子。老两口恨铁不成钢，想切断儿子的资金来源，把房子过户回自己的名下。但儿子拒不配合过户，房屋产权登记中心无法依据老两口的说法办理过户手续。

老谌夫妇无奈起诉儿子，诉讼过程中，老谌拿出了完整的出资凭证、房产证、契税证明、房屋租金收取凭证，还有与儿子签的协议。最终，老两口获法院支持，持判决书办理了过户手续。

【说法】

虽然借名买房有法律和相关规定的支持，但仍然存在五大风险。

其一，根据房产登记制度，房屋所有权的认定一般以登记为准，借名人若要确权，一般需通过诉讼方式。在此过程中，如果出名人负外债不能清偿，债权人可要求法院查封或拍卖此房屋。但出名人可能已无偿债能力，借名人的利益势必受损。其二，如果出名人因房价上涨而反悔，不办理过户手续，则很难证明借名人就是实际权利人。其三，出名人若将房屋处置，卖给不知情的第三人，第三人将可能得到房屋所有权，借名人的权益则难以保障。其四，如果出名人死亡，继承人依法继承房屋，但死者和借名人所签借名买房协议的真实性将难以考证，借名人的权利难以保障。其五，出名人并不实际占有房屋，房屋贷款等也不是其实际偿还，一旦出现涉房纠纷或贷款逾期，义务承担人就是出名人本人，逾期不还贷的不良信用会伴随其很长一段时间。

因此，老年人尽量别签借名买房合同。因为一旦出现差错，可能损失的不仅是巨额标的的不动产，而且会有更多预计之外的损失。

儿子姓名上了产权证，前妻分走一杯羹

老邱是一名出租车司机，和妻子离婚后，他一把屎一把尿地独自将儿子拉扯成人。对老邱而言，儿子就是他的全部。老邱与妻子离婚后，和儿子住在一套小房子内，房产证上是他一个人的名字。去年，老邱将这套房卖了二十多万元，再拿出自己几十年辛苦攒下的近三十万元，购买了一套两室一厅的房子。用老邱的话说，有了这两室一厅，儿子才有了谈女朋友的资本。为了这套房，老邱花光了所有积蓄。

然而，就在这位单亲爸爸带着儿子搬进装修好的新家不到三个月，老邱的儿子却在一天上班回家途中因交通意外死亡。由于事发

路段没有监控，且车祸又在深夜路人稀少之时发生，这起意外至今仍是无头悬案。痛失爱子让双鬓染霜的老邱几乎崩溃，在新房里他似乎还能感受到儿子的气息，这让他总是老泪纵横。为此，亲戚朋友都劝他卖掉新房，离开伤心地。

然而，老邱在卖房的过程中却碰到一桩棘手事。原来，在买房时，老邱将儿子的名字也加在了房产证上。一方面是因为爱子心切；另一方面也是希望今后将房子顺利移交给儿子，省去继承中的部分税费。但这样一来，这套房子的一半产权就属于老邱的儿子，在儿子意外离世后，属于儿子的这部分产权就自然而然成了他的遗产，按照法律规定，这份遗产要由老邱和他的前妻共同来继承。尽管老邱心里一百个不情愿，但按照法律规定，前妻不同意，他就无法将房子过户。最终，经过协调，老邱补偿给前妻十万元。“一个名字值十万，房产证上的名字真不是随便能加的。”走出法庭的老邱怅然若失，长叹一口气。

【说法】

如今，不少父母给子女买婚房时，为了节省税费，而选择在房产证上加上子女的姓名。殊不知，这些做法的背后蕴藏着重重风险。一旦老人失独，财产纠纷就犹如在其已经伤痕累累的心口撒盐。因此，不管是考虑房产过户、加名字，还是财产赠与，都应三思而后行。

购农村房鸡飞蛋打，损失谁来赔

一心向往农村田园生活的齐老伯退休不久，经朋友介绍，与郊外的张某达成房屋买卖协议。双方约定：张某将自家三间平房及前后大院以 98000 元出售给齐老伯，齐老伯交付定金 5000 元，待齐老伯交纳购房款 30000 元后的十日内，张某交房屋钥匙，余款三个月内交齐后，张某协助齐老伯办理过户手续。张某将收拾干净的房屋及钥匙交给齐老伯，齐老伯简单装修后搬家入住。

然而，令人未想到的是，在办理房屋产权过户更名手续时，虽然张某所在村的村委会出具了相关证明，可县房屋产权管理部门依据相关法律规定，以齐老伯并非张某同一村民组织成员为由拒绝为其办理过户手续。过户不成，张某安慰齐老伯说："咱们双方有房屋买卖合同协议在，过户不成也没什么大不了的，将来政策允许了，或者通过疏通关系有门儿了，我随时都可以来与你办理过户。"

安安心心地齐老伯与老伴儿在前后院内种菜种树，生活得好似神仙。让老两口更高兴的是，伴随城市外扩发展，郊外的土地与房屋价格飞快上涨，现如今，齐老伯的这三间平房价值 50 万元。

然而，就在齐老伯开心兴奋的时候，张某开始闹心起来，左思右想，他找到齐老伯说这房子不卖了。随后，张某以与齐老伯房屋买卖违法为由，向法院起诉，要求确认双方签订的房屋买卖协议无效，并要求齐老伯将房屋返还。

法庭审理时查明，齐老伯系城市居民户口，张某系农村户口，该诉讼争议房屋是在张某自家宅基地上建造的房屋。原告代理人提出，《中共中央 国务院关于切实加强农业基础建设进一步促进农业发展农民增收的若干意见》明确表示："城镇居民不得到农村购买宅基地、农民住宅或'小产权房'。"《国务院关于深化改革严格土地管理的决定》(国发〔2004〕28号)中也有："禁止城镇居民在农村购置宅基地。"因此，就政策而言，城镇居民不得购买农民的宅基地房屋的确有据可依。张某和齐老伯买卖农村居民在宅基地上所建房屋违反了相关法规与规章。

对这种说法，齐老伯的代理人做出答辩：看一份合同是否有效，在合同领域内，应首选适用《民法典》的规定。本案应以《民法典》为依据予以认定。因此，双方当事人所签订的房屋买卖合同应当是合法有效的，且该买卖合同已经履行十几年之久。

法院最终确认双方签订的房屋买卖协议无效。同时，鉴于齐老伯入住多年，对房屋进行了装修，对前后院墙加高、栽种果树等实际投入，经征得双方当事人同意，法庭委托评估公司对房屋装修等实际投入进行现值评估，结果为四万余元。据此，法院判决齐老伯退还该争议房屋给张某，张某退还房款98000元、损失补偿款43913元，共计141913元给付齐老伯。

没了房子与田园生活的齐老伯不得不搬回城里，可一打听房价，他手头仅有的二十万余元连个像样的一居室都买不下来。齐老伯越想心里越不是滋味，卖房的时候张某明明知道城里人不能买农村人在其宅基地上建的房子，可依然卖给自己，房价上涨了，他又通过诉讼将房子"要"了回去，这便宜不是都被他张某占了吗！随后，齐老伯以房屋买卖协议被确认无效的主要责任在张某为由，起诉至法院，要求张某赔偿缔约过失损失款42万元，并在起诉的同时，申请对其实际损失进行评估。

法庭受理后，经委托评估公司评估，根据当前农村房屋价格等情况，评估公司的评估意见为：齐老伯的损失为37.4万元。随后法院开庭审理了齐老伯所诉的案件。经审理，法院得知张某作为出卖人，在出卖房屋时即已经知道其所出卖的房屋及宅基地属于法止流转范围，且在出卖房屋十余年后又以房屋买卖违法为由主张合同无效，故其应对合同无效承担相对主要责任。因此，齐老伯要求张某赔偿缔约过失损失的诉讼请求于法有据、理由正当，应予支持。

对于齐老伯作为买受人“信赖利益”损失的赔偿，应全面考虑出卖人因宅基地及房屋升值所获利益，以及买受人因房屋现值和原买卖价格的差异所造成损失两方面因素予以确定。故依据评估结果，法院认定张某给付齐老伯损失的60%为宜，综合考虑齐老伯主张的损失款与评估公司评估的损失款，当庭依法判决张某赔偿齐老伯“信赖利益”损失23.3万元。

【说法】

《民法典》第一百五十七条规定：“民事法律行为无效、被撤销或者确定不发生效力后，行为人因该行为取得的财产，应当予以返还；不能返还或者没有必要返还的，应当折价补偿。有过错的一方应当赔偿对方由此所受到的损失；双方都有过错的，应当各自承担相应的责任。法律另有规定的，依照其规定。”这里的“相应”应理解为，按过错程度承担。因此，人民法院判令张某按60%的责任赔偿齐老伯的损失是公平合理的，也是有法律依据的。

借钱讲究啥？信用最重要

生活中，亲朋好友免不了有资金往来的需求，孩子出国留学需要钱、购房交首付需要钱、重大疾病需要钱……很多时候都需要资金周转。出借的人碍于面子不好意思要钱，借款的人出于各种原因没能及时还钱，一来二去导致感情疏远、不再联系的情况时有发生。

一天，孟大娘路上正好碰见她的发小刘女士。发小相见自然开心，但没过几天，刘女士以资金周转为由，向孟大娘借款七万元。孟大娘也没多想，痛快地答应下来。刘女士向孟大娘出具借条，写明借款七万元整。之后时间长了也没见刘女士主动联系孟大娘还钱，孟大娘拨打了刘女士的手机，却不承想，刘女士的手机不是占线就是停机，再也联系不到她了。

孟大娘无奈诉至法院。经法院向刘女士公告送达应诉手续及开庭传票，法院依法缺席审理本案，孟大娘提供借条/银行转账记录等证据，最终支持了孟大娘的诉讼请求。

【说法】

“有借有还，再借不难。”在日常资金往来时，出借人应当对借款人近期财务状况或债务偿还情况等事实有所了解，再作出是否出借资金的决定，万不可基于对借款人的原有印象、情谊等因素作出决定，最终导致出借资金不安全。

借钱要注意“保证期间”，否则责任难再追

几年前，老黄位于老城区的房屋拆迁，分到了一笔拆迁安置费，本指望着靠这笔钱能够改善一下自己的老年生活，没想到却因此陷入了一场漫长的催讨拉力赛。

邻居杨某向老黄再三请求，想借款60万元，考虑到杨某的还款能力，老黄要求杨某找人担保，杨某找来了姜某作为借款的担保人。老黄知道姜某有自己的公司，认为其经济能力不错，便欣然接受了姜某作担保。于是，三人共同签署了借款担保合同，约定杨某向老黄借款60万元，借款期限一年，姜某作为担保人签字确认。

一转眼两年过去了，杨某一直未归还借款，老黄一纸诉状将杨某、姜某告上法院。当法官询问有没有约定保证期间的时候，老黄表示自己第一次听到“保证期间”这个词。正是对“保证期间”这四个字的不了解，老黄面临着担保责任消灭的窘境。经法院查实，老黄和杨某、姜某签订的借款担保合同中，约定了主债务的还款期限，但并未约定担保期间。在主债务到期后的六个月内，老黄也未主动向姜某主张担保责任，因此姜某作为本案担保人的担保责任可免除。

【说法】

为了使债权人积极履行自己的权利，也为了担保人的合法权利受到应有的保护，《民法典》第六百九十二条规定：“保证期间是确定保证人承担保证责任的期间，不发生中止、中断和延长。债权人与保证人可以约定保证期间，但是约定的保证期间早于主债务履行

期限或者与主债务履行期限同时届满的，视为没有约定；没有约定或者约定不明确的，保证期间为主债务履行期限届满之日起六个月。债权人与债务人对主债务履行期限没有约定或者约定不明确的，保证期间自债权人请求债务人履行债务的宽限期届满之日起计算。”因而债权人要在保证期间之内积极行使自己的债权，以免产生不必要的损失。

——法律小贴士——

【善用视听证据作证据】

《中华人民共和国民事诉讼法》第六十六条规定，证据有下列八种：当事人的陈述、书证、物证、视听资料、电子数据、证人证言、鉴定意见、勘验笔录。以上证据必须查证属实，才能作为认定事实的根据。《最高人民法院关于民事诉讼证据的若干规定》(以下简称《若干规定》)第十五条同时规定："当事人以视听资料作为证据的，应当提供存储该视听资料的原始载体。当事人以电子数据作为证据的，应当提供原件。电子数据的制作者制作的与原件一致的副本，或者直接来源于电子数据的打印件或其他可以显示、识别的输出介质，视为电子数据的原件。"可见，在诉讼实践中，要使视听证据成为判决依据，必须同时具备三个条件：一是出示的视听证据清晰完整，符合客观逻辑；二是视听证据的取得必须符合法律规定；三是有其他证据佐证，且对方未提出反驳或反驳理由不成立。

在诉讼实践中，要想使视听资料成为证据并非易事。具体操作上，还必须把握以下六点。

一是，采集视听证据的对象必须是债务人(欠款方)或者承担义务的一方。只有债务人的讲话才能对他本人有约束力。实践中如果被录音人予以否认，则应及时申请司法鉴定。录制音频时，拨打的电话最好是对方在电信部门的实名登记号码。

二是，视听资料内容必须完整反映债权债务过程或者其他民事权利义务关系，前后应当连接紧密，内容未被篡改、拼接、剪辑或者伪造，具有客观真实性和连贯性。比如借款纠纷录音资料，应引导债务人完整说出欠钱的金额、用途等来龙去脉，越具体、越准确越好。

三是，视听证据的取得方式应当合法。违反法律禁止性规定或者严重违背公序良俗的方法取得的证据，不能作为认定案件事实的根据。例如私自在他人住宅安装窃听、录像设备，因侵犯公民的权利而不被采纳。

四是，视听资料内容必须反映当事人真实意思表示，即被录音录像者必须不是在被威逼、胁迫的情况下进行录制的。任何通过限制人身自由、绑架、拘禁等取得的证据都无效。因此在录制前应厘清思路，梳理出关键内容、节点和细节，做到语态友善、心态平和。

五是，视听资料应保留原始载体和备份。庭审中，如果对方对证据提出质疑，法庭或者鉴定机构会要求资料提供方出示原始记录。因此，当事人在对视听资料进行复制备份的同时，不要将原始记录删除，不要损坏原始载体。

六是，可以申请保全证据公证。有些视听证据经过一段时间后可能会灭失、丢失或被破坏、窜改等，因而失去证明力。这时，可根据《若干规定》第九十四条的规定：“电子数据的内容经公证机关公证的，人民法院应当确认其真实性，但有相反证据足以推翻的除外。”申请公证机构对录制过程进行公证，以确保视听证据的合法性和证明力。

第四篇
遗嘱继承

——情理与法，均需兼顾——

近年来，由于老百姓法律意识的增强，家庭财产的迅速增值，订立遗嘱安排身后事的人越来越多，但随之而来的遗嘱继承官司也呈逐年递增之势。

现实生活中，很多当事人手持老人遗嘱，以为“胜券在握”，但没有得到全部遗产的情况却屡见不鲜。究其原因，大多是老人订立的遗嘱不规范，遗嘱内容超出了法律允许的范围，或者遗嘱难以执行，而未被法院采信。

这不仅不利于家庭和睦，甚至容易让继承人产生矛盾。

口头遗嘱合法吗？情况危急且要有见证人

在法院打官司时，一些当事人往往称老人留有口头遗嘱，要求以此分割财产，殊不知口头遗嘱的成立需要符合法律规定的条件。

王大爷外出遛弯时发生车祸，受伤严重，被送至医院抢救。王大爷自感伤势严重，就当着保姆、儿子小王和医护人员的面，断断续续地说，要将自己的房子留给小王。后来王大爷因伤势过重去世，小王的妹妹与小王就继承问题产生分歧，将其诉至法院。

小王提出父亲去世前已经留下口头遗嘱，并请来保姆与当时在场的医生和护士作证。法院经审查后认为，王大爷在生命垂危时口头说将房屋留给儿子小王，并且当时有保姆、医生和护士等人在场见证，该口头遗嘱合法有效，最终法院判决房屋归小王所有。

【说法】

《民法典》第一千一百三十八条规定："遗嘱人在危急情况下，可以立口头遗嘱。口头遗嘱应当有两个以上见证人在场见证。危急情况消除后，遗嘱人能够以书面或者录音录像形式立遗嘱的，所立的口头遗嘱无效。"可见口头遗嘱成立必须具备三个条件：一是情况危急，比如重大疾病或者重大灾难发生时；二是有两个以上见证人见证，能够证明这一事实；三是立口头遗嘱时不具有立书面遗嘱和录音遗嘱的条件。

本案中王大爷遭遇车祸后，伤势严重，面临生命危险，属于情况紧急，在此种情况下，王大爷做出将房产留给小王的口头遗嘱，旁边有保姆和医护人员两人以上见证人见证，且王大爷之后因抢救无效去世，不具有立书面遗嘱和录音遗嘱的可能性，因此法院判决该口头遗嘱有效。

遗嘱维护弱者的权益

农妇郑某与丈夫刘某(早年已病逝)育有一女，又于1976年收养一男孩郭某。因丈夫早逝，郑某一人含辛茹苦将一双儿女抚养成人。后来，郭某无意中得知自己的身世，对养母的态度也从此急转直下。2018年底，郭某在与其子驾车外出时发生车祸，医治无效于十日后死亡。在住院治疗期间，郭某立下口头遗嘱一份，将个人全部财产归其子继承。处理完养子后事，已有85岁高龄的郑某委托律师向法院提起诉讼，要求重新分割遗产。法院经审理，判决被告郭某之子返还郑某遗产两万元、房屋两间。

【说法】

我国法律在赋予公民用遗嘱处分自己财产权利的同时，也对这种处分权作了必要的限制。《民法典》第一千一百四十一条规定："遗嘱应当为缺乏劳动能力又没有生活来源的继承人保留必要的遗产份额。"这是一条强制性规定，公民在立遗嘱时必须执行。本案中，郑某多年来一直依靠养子赡养，在郭某死亡后已断绝了生活来源，加之其年事已高，丧失了劳动能力。因此，法院从保护弱者合法权益的原则出发作出了上述判决。

危急情况解除后的口头遗嘱无效

丧偶的老贾有两儿两女。去年6月，老贾突发疾病住进医院，由两个女儿轮流护理。因当时生命垂危，老贾便口头立下遗嘱，将自己的全部财产平分给两个女儿，当时有三名医护人员在场签字见证。一个月后，老贾经治疗痊愈出院。不幸的是，老贾于同年底突遇车祸事故离世。在分割遗产时，两个女儿主张应当按照老人的口头遗嘱办理，两个儿子则主张按法定继承分割遗产，双方为此发生纠纷。法院经审理后判决，老贾所立口头遗嘱无效，其遗产应按法定继承分割。

【说法】

本案中，老贾病危之时的口头遗嘱，属于法律规定的“危急情况”，该口头遗嘱的法律要件齐全，在当时是有效的。但老贾后经抢救脱险并痊愈出院，这表明法律规定的“危急情况”已不复存在，他完全有条件用书面或者录音等其他形式再立遗嘱，但老贾并未这样做。所以只能按照法定继承的规定，由老齐的两儿两女共同继承遗产。

自书遗嘱怎么写才有效?

为了避免去世后因遗产产生纷争，越来越多的老人选择通过立遗嘱来处理财产，而立遗嘱也有技巧，也有需要特别注意的地方。

那么，遗嘱怎么写才有效呢？

王老太与李大爷共生育了两儿两女，李大爷去世得早，王老太独自将四个子女养大成人。子女各自成家后，王老太一直与小儿子一起生活，小儿子夫妇对王老太十分孝顺。后来，王老太亲手写下遗嘱，将自己名下的一套90平方米的房子留给小儿子，由小儿子继承，并在遗嘱上签名，书写了时间。王老太去世后，其儿女因遗产继承产生纷争。案件诉至法院后，王老太的小儿子提交了该份遗嘱，法院经审查后认为，王老太亲自书写遗嘱，且立遗嘱时意识清醒，并有签名日期，完全符合遗嘱生效的条件。故法院依法认定遗嘱有效，判决该房产归小儿子所有。

【说法】

根据《民法典》第一千一百三十四条规定："自书遗嘱由遗嘱人亲笔书写，签名，注明年、月、日。"王老太写遗嘱时意识清醒，是完全民事行为能力人，有权处分自己的财产，留下的遗嘱属于自书遗嘱，该遗嘱由其亲笔书写，亲自签名，写有年、月、日，完全符合自书遗嘱的法律要求，所以合法有效，其遗产应该按照该遗嘱继承。

处分了共有财产的遗嘱"部分有效"

张清明和陈娟夫妇曾是某毛纺厂的职工，二十世纪九十年代末，单位房改时，二人以张清明的名义购买了一套三居室住房。陈娟去世后，儿子张伟一家搬到该三居室房屋中，与父亲共同生活，照顾其生活起居。后张清明立下遗嘱，将其三居室房屋留给儿子张伟。张清明去世后，二女儿将张伟及姐姐起诉到法院，要求继承房产。法院经审查后认为，张清明的遗嘱为自己书写，有签名和日期，形式合法。但该房屋虽登记在张清明名下，却系其与陈娟婚后所得，应该属于夫妻共同财产，张清明仅拥有一半产权，而另一半房产属于陈娟，因陈娟去世时未立遗嘱，故陈娟所有的一半应按法定继承在张清明及三个子女间平均分配，即各拥有八分之一。故张清明只可将其所有的部分房产通过遗嘱方式由儿子张伟继承，不能剥夺两个女儿的应得部分。最终法院判决儿子张伟继承四分之三的份额，其他两个女儿各继承八分之一的份额。

【说法】

《民法典》第一千一百五十三条规定："夫妻共同所有的财产，除有约定的外，遗产分割时，应当先将共同所有的财产的一半分出为配偶所有，其余的为被继承人的遗产。遗产在家庭共有财产之中的，遗产分割时，应当先分出他人的财产。"该案例中，张清明和陈娟在婚姻关系存续期间购买一套房屋，虽然该房屋登记在张清明名下，但该房屋应为二人共同财产，因此陈娟去世后，房产的一半即为其遗产，由其继承人继承，剩余的一半为张清明所有，张清明有权通过遗嘱方式进行处分。

《最高人民法院关于适用〈中华人民共和国民法典〉继承编的解释(一)》第二十六条规定："遗嘱人以遗嘱处分了国家、集体或者他人财产的，应当认定该部分遗嘱无效。"如果一份遗嘱中既处分了自己的财产，又处分了他人的财产，该遗嘱并非全部无效，只有处分他人财产的部分无效。故在本案中，张清明遗嘱里处分不属于其财产的部分是无效的。

多份遗嘱，后写的有效

赵老太育有三子，儿子们成家后，对赵老太没有了往日的亲近。老人生活不能自理后，小儿子将母亲接至自己家居住，并把母亲的房屋出租，之后赵老太又辗转居住在老二、老大家中，直至去世。赵老太去世后，三个儿子都拿着母亲的遗嘱，要求继承母亲名下的房产。法院经审查后认为，三个儿子所持遗嘱均是赵老太所写，但内容各不相同，他们各自持有的遗嘱上都写着房产归自己。最终法院认定以最后一份遗嘱，即大儿子所持有的遗嘱为有效，房屋归大儿子所有。

【说法】

《民法典》第一千一百四十二条规定："立有数份遗嘱，内容相抵触的，以最后的遗嘱为准。"本案中，大儿子所持遗嘱形成时间最晚，因此判决该房产归大儿子所有。

代书遗嘱的严格：无见证人则无效

代书遗嘱是遗嘱的一种。代书遗嘱虽然也反映了遗嘱人处分遗产的意思，但由于并非由遗嘱人自己书写，法律规定了比自书遗嘱更为严格的生效条件，稍有不慎就可能导致所立遗嘱无效。

夏顺华因病瘫痪在床，老伴儿早已去世，其由五个子女轮流照顾。大女儿沉迷于炒股，对老人的照料不太在意。夏顺华去世后，大女儿持一份代书遗嘱将四个弟妹起诉至法院，要求继承夏顺华的房产。其他四子女则认为父亲不可能立此遗嘱，不认可遗嘱真实性。法院经审理后认为，夏顺华大女儿所持的遗嘱为代书遗嘱，该遗嘱的主文及日期为他人代写，夏顺华仅在该遗嘱的下方签字，该遗嘱并无见证人签名，也没有执笔人签名，而夏顺华大女儿所称的代书人也未出庭作证。故最终法院认定该代书遗嘱无效，按照法定继承分割了夏顺华的遗产。

【说法】

根据《民法典》第一千一百三十五条的规定："代书遗嘱应当有两个以上见证人在场见证，由其中一人代书，并由遗嘱人、代书人和其他见证人签名，注明年、月、日。"代书遗嘱必须有两个以上见证人，这是代书遗嘱生效的一个重要形式要件。在没有见证人的情况下，仅有遗嘱人签名，遗嘱的真实性无法保证。本案中夏顺华大女儿所持遗嘱即是如此，因此最终被认定为无效。

利害关系人见证，代书遗嘱无效

韩大爷一直和女儿一起生活，儿子时常来探望。韩大爷去世后，儿子和女儿为了房产打起了官司。女儿向法院提供了一份代书遗嘱，该遗嘱由韩大爷的女婿代书，明确韩大爷名下房产归女儿继承，下方有韩大爷的签名，韩大爷的妹妹见证，并写上了日期。法院经审理后认为，该代书遗嘱虽有两个见证人，但其中一位见证人也即代书人为继承人的丈夫，属于利害关系人，依法不能作为见证人，因此该代书遗嘱应属无效。最终法院判决按照法定继承，由两个子女共同继承韩大爷的房产。

【说法】

《民法典》第一千一百四十条规定，“与继承人、受遗赠人有利害关系的人”不能作为遗嘱见证人。代书遗嘱的见证人应当保持中立，以确保代书遗嘱能够反映立遗嘱人的原意，故法律作出以上规定。本案中，韩大爷的女婿作为其女儿也即继承人的丈夫，与该房产的继承有重大利害关系，故其作为代书遗嘱的代笔人和见证人违反了法律规定，因此该代书遗嘱为无效遗嘱，应按照法定继承处理。

打印的遗嘱也有效

周鹏飞与其前妻育有一子周峰。后周鹏飞与刘芸结婚，婚后二人申请购买了一套经济适用房，由刘芸负担了绝大部分房款。后在周鹏飞重病期间，由朋友袁强按照周鹏飞的意思打印了一份遗嘱，遗嘱将该房屋留给刘芸继承。此后，在王志、李天、陈霞三位朋友的见证下，王志宣读了遗嘱，周鹏飞表示同意，并在遗嘱上签字，其他人也在遗嘱上签字，并对该过程进行了录像。

周鹏飞去世后，其子周峰认为父亲签字时遗嘱代书人不在场，故不认可遗嘱的真实性，将刘芸诉至法院，要求共同继承房产。法院经审查后认为，该遗嘱为袁强打印，周鹏飞签字时袁强不在场，不是见证人之一，但王志等三位见证人与继承人无法律上的利害关系，而遗嘱内容又无违法之处，因此该遗嘱仍然有效，最终认定该房屋由刘芸继承。

【说法】

随着科技的发展，打印的遗嘱作为新的遗嘱形式开始普及，对这类遗嘱的归属，应当根据《民法典》第一千一百三十六条的规定："打印遗嘱应当有两个以上见证人在场见证。遗嘱人和见证人应当在遗嘱每一页签名，注明年、月、日。"本案中周鹏飞所立的遗嘱虽为他人打印，但有其他三位见证人且内容合法，因此该遗嘱应属有效。

公证遗嘱并非全能：限权老人不能立

公证遗嘱因其经过公证机关的公证，在形式和内容上更为严谨，其效力高于其他一切遗嘱形式，且对公证遗嘱的撤销更为严格。但公证遗嘱也并非全部有效，某些情况下也可能无效。

翟老先生去世两年后，续弦张女士突然拿出丈夫生前在公证处订立的公证遗嘱，遗嘱上写明，翟老先生生前一套房屋中属于老人的份额留给张女士继承。张女士本以为手握效力最高的公证遗嘱志在必得，但诉讼中，在翟老先生子女的申请下，法院调取了翟老先生立遗嘱前的在相关医院的诊断证明和就诊记录，并对翟老先生立遗嘱时的行为能力进行司法鉴定。经医院鉴定，翟老先生在立遗嘱时患有阿尔茨海默病(痴呆症)，属于限制民事行为能力的人。因此，张女士所持遗嘱无效。

【说法】

无行为能力或者限制行为能力人所立遗嘱无效。鉴定结论显示，翟老先生的行为能力在立遗嘱时已经不可逆转地受到限制，因此公证遗嘱的效力法院不予认可，翟老先生在涉案房屋中的份额按照法定继承处理。公证遗嘱效力最高，但阿尔茨海默病和精神智力障碍无法好转治愈，一旦立遗嘱人在立遗嘱前患有相应疾病，即使所立公证遗嘱符合法定形式，遗嘱人仍有被鉴定为限制或者无行为能力的风险。最好在立遗嘱前对行为能力进行司法鉴定，确认其具有完全民事行为能力后再前往公证处。

接受遗赠不能超过法定期限

小黄自幼和爷爷奶奶一起生活。后来，爷爷奶奶在小黄父母的陪同下前往公证处立下遗嘱，将二人共同所有的一套房产留给孙子小黄继承。爷爷奶奶相继去世后，小黄从父亲手中得到了老人遗留的公证遗嘱，但由于他一直住着房子，也就没放在心上。两年后，小黄准备结婚，想置换一套大点儿的房子，需要办过户手续，房管部门表示需要其他法定继承人到场签字确认。小黄找到姑姑和叔叔商议，但姑姑和叔叔认为他没在两个月内明确表示接受遗赠，遗嘱已经失效，应当按照法定继承处理遗产。

【说法】

遗嘱人可以立遗嘱将遗产分配给法定继承人以外的人，属于遗赠。《民法典》第一千一百二十四条规定：“受遗赠人应当在知道受遗赠后六十日内，作出接受或者放弃受遗赠的表示；到期没有表示的，视为放弃受遗赠。”此案中，小黄在爷爷奶奶去世后近两年的时间里，没有向其父母、叔叔和姑姑做出过任何接受的表示，也没有向有关部门主张权利或者起诉。法院无法认定他在法定期限内做出了明确接受遗赠的意思表示，遗赠自动失效，房屋按照法定继承处理。

老人与保姆的遗赠扶养协议

四十多岁的区艳春在薛家当了近二十年保姆。区艳春刚来薛家没多久，薛妻便去世了，薛新军生病住院。区艳春说，当时薛新军的女儿薛笑梅把家里的存折拿走了，父女关系恶化，此后是她一直与薛新军共同生活、照顾老人。妻子去世两年后，薛新军购买了一套房屋。五个月后，当时七十多岁的薛新军作为遗嘱人，与扶养人区艳春签订了遗赠扶养协议，并在公证处办理了公证。

“区艳春到我家后，一直是花我父亲的离休金。我父亲对外说把区艳春当女儿，还出钱供她读大专。”薛笑梅说，父亲有时也会骑电动三轮车到她的单位见面聊天，但从没提过协议的事。而她也没给过父亲赡养费，因为父亲每月有五千多元工资。

按买房的时间算，十六年后薛新军又留下一份代书遗嘱，称房屋及家中所有财物都归区艳春继承。遗嘱上有薛新军的签字与两名见证人签字。薛新军后因身体状况不佳入院治疗。出院时，薛笑梅将父亲接到自家生活，从此拒绝区艳春照顾老人。区艳春以无法履行遗赠扶养协议为由告到法院。第一次开庭时，已经八十多岁的薛新军到庭，认可自己签过遗赠扶养协议。但薛笑梅对协议和遗嘱不予认可，她认为自己是薛新军的唯一子女，且对薛新军尽了主要赡养义务，涉案房屋应归她继承。但官司还没打完，一个多月后老人就去世了。

一审法院认为，区艳春长期陪伴在薛新军身边照顾其衣食住行，陪同其看病治疗，并且让其晚年精神状态较佳，已经基本履行遗赠扶养协议。根据协议内容，房屋应该由区艳春继承。考虑薛笑梅赡养薛新军数月并处理丧葬事宜，法院酌定区艳春给付薛笑梅补偿款八万元。

【说法】

当下，保姆成为遗产继承人引发的纠纷和官司已经呈上升趋势。在我国目前的司法实践中，处理遗产案件时非常强调充分尊重遗嘱人的遗愿，按遗嘱来处理其财产。《民法典》第一千一百五十八条规定："自然人可以与继承人以外的组织或者个人签订遗赠扶养协议。按照协议，该组织或者个人承担该自然人生养死葬的义务，享有受遗赠的权利。"继承开始后，按照法定继承办理；有遗嘱的，按照遗嘱继承或者遗赠办理；有遗赠扶养协议的，按照协议办理。遗赠扶养协议可以约定"若扶养人不尽扶养义务，遗赠人有权取消所遗赠的财产"。

有一种继承无关血缘

在人们的传统观念里，父母财产子女继承理所应当。然而，真的只有亲人才能享有遗产继承权吗？答案是否定的。

因婚后多年未生育，史少勤老人与妻子丁丽华收养了史少勤的远房侄子史冬生作养子。史冬生成家立业后，一直与老两口居住在一起，随着时间的推移，两家人因为家庭琐事，矛盾渐渐多了起来。之后，史冬生在外单独买房居住，双方失去联系。

十年后，丁丽华去世，史少勤开始了凄苦的独居生活。然而，所幸有徒弟马桂明和丁丽华的侄女丁雯对史少勤多有照顾，这成了老人晚年最大的精神慰藉。马桂明是史少勤老人在工厂上班时的徒弟，与老人感情甚笃，每周马桂明都会送蔬菜、水果到老人家里，还帮老人打扫屋子，陪他聊天解闷。而丁雯虽定居在外地，但在丁丽华生前，她经常趁假期带着孩子千里迢迢看望两位老人。即便是在丁丽华去世后，丁雯仍一如从前，不仅为两位老人修墓立碑，且时常前来探望史少勤，甚至将其接至家中小住。

如此又过了十年，一天下午，年近八旬的史少勤老人在散步时突然昏倒，后被附近群众送入医院救治。马桂明闻讯后，匆匆赶到医院为史少勤办理了住院、治疗等手续。为此，思维尚属清醒的史少勤在居民委员会干部在场的情况下，说出了“等我出院后就住到马桂明家，以后养老靠马桂明，百年后我的房子等财产就给马桂明继承”一番话。入院次日，史少勤终因年事已高，经抢救无效离开人世。

史少勤去世后，马桂明默默承担起为老人善后的工作，养子史冬生、侄女丁雯也闻讯相继赶来。三人按照习俗为老人办妥后事后，却为史少勤留下的存款五万余元，以及其名下的房产等遗产继承问题发生分歧，最终闹到了法庭。

老人徒弟马桂明认为，他平时对史少勤悉心照料，在史少勤病危时更是及时赶到，为此史少勤留有口头遗嘱，表示其百年后遗产归自己所有。他要求按遗嘱，由其继承史少勤名下四分之三的财产份额。

养子史冬生认为，他也曾经为寻找养父母尽过力。但因为养父母搬迁，没有告知其新家地址，故一直苦寻无果。与养父母失去联系以及未尽赡养义务，他感到很自责。同时，他不承认马桂明所称的史少勤口头遗嘱的存在，认为应由其来继承史少勤名下的所有财产。

侄女丁雯则认为，她与史少勤夫妇关系密切，两位老人将自己当成亲生女儿看待。她对两位老人尽了较多的扶养义务，依法可以分得两位老人的遗产，遂要求得到老人名下三分之一的财产份额。

法院经审理认为，本案的争议焦点为，养子史冬生是否因其近二十年未尽赡养义务而应不分或少分遗产，以及徒弟马桂明、侄女丁雯是否属于对被继承人史少勤照顾扶养较多而可以适当分得遗产的人。

被继承人史少勤在医院抢救时称其“出院后就住到马桂明家，以后养老靠马桂明，百年后我的房子等财产就给马桂明继承”的意思表示，并非遗赠的意思表示，而是符合遗赠扶养的意思。由于史少勤在次日已去世，马桂明与史少勤的遗赠扶养协议尚未履行，故马桂明要求按史少勤的遗嘱继承其遗产的诉讼请求，法院依法不予支持。

被继承人史少勤、丁丽华生前未留有遗嘱，其遗产本应由唯一的法定继承人即史冬生继承。然而，史冬生作为养子，以所谓的“家庭矛盾”为由与两位老人断绝来往。故按照《民法典》第一千一百三十条规定：“有扶养能力和有扶养条件的继承人，不尽扶养义务的，分配遗产时，应当不分或者少分。”因此，对于史少勤和丁丽华的遗产，史冬生属于“应当不分或者少分”的情形。

基于本案的事实情况，以及三方当事人的诉讼请求，法院比较各方对被继承人所尽扶养义务的多寡，最终酌情确定三人的继承分配比例。为此，法院依法作出判决，被继承人史少勤的房产、存款等遗产由史冬生、马桂明、丁雯三人各得三分之一。

【说法】

《民法典》第一千一百三十一条规定：“继承人以外的对被继承人扶养较多的人，可以分给适当的遗产。”马桂明和丁雯对史少勤、丁丽华的晚年生活照顾有加，给予了两位老人一定的精神安慰，他们的行为相对于史冬生完全未尽赡养义务而言，已经达到了“对被继承人扶养较多的人”的标准。故马桂明、丁雯要求分得史少勤、丁丽华遗产份额的诉讼请求，法院依法予以支持。

再婚老人不明遗产引争议

宋乔山是一位退休老中医，婚后几十年与妻子风雨同舟、相濡以沫。不幸的是，晚年的妻子中风瘫痪，而后还是先他而去。在经历了丧偶之痛后，老宋本想找个保姆照顾自己，却意外结识了一名退休老人。因为双方儿女都早已成家，两位老人为了方便彼此照顾，决定结婚。领结婚证的前一天，两位老人签下了两份婚前协议，对双方婚前财产进行约定，避免日后因财产发生争议。

八年后，宋乔山因病去世。他的再婚妻子郭冬梅将宋乔山的一女两子全部告上了法庭，要求继承宋乔山留下的35万元存款以及共同生活期间置备的家具。

庭审中，郭冬梅自述，自她和宋乔山结婚后，八年来她对宋乔山悉心照顾，直到宋乔山突然发病身亡。“我们存了35万元，其中17.5万元应属于我，剩下的是宋乔山的遗产。”郭冬梅说，“现在这35万元都被宋乔山的小儿子拿走了。法院应该维护我的合法权益，所以请求法院判决分我一半钱。”

开庭当天，宋乔山的三个子女都参加了庭审。他们认为，这35万元都是父亲的婚前财产，并非共同财产，原告主张的除了钱以外的冰箱、微波炉等家电和家具都可以给她。宋乔山的次子宋强补充说，他见父亲最后一面时，父亲给他看了遗嘱和婚前协议。父亲说：“我已经和你们的郭冬梅阿姨商量好了，为了日后不给你们找麻烦，所以才写了这些东西。”宋乔山的子女认为，35万元存款和父亲居住的房子是父母一生的积蓄。根据父亲的婚前协议和遗嘱，这35万元是父亲的个人财产，应由其子女三人共同继承。再婚登记前一天，宋乔山和郭冬梅签署了婚前协议，协议约定：一切生活费由男方出，各自经济独立。

宋乔山的女儿宋雯说，父亲在和郭冬梅结婚后添置了冰箱、空调等生活必需品，不仅给郭冬梅买衣服、手表、金银首饰，还给她零花钱，另外还要供养她在农村的盲人妹妹。所以，他们结婚后根本没什么积蓄。

宋强认为，父亲每个月的退休金一直是二千多元，三年前才涨到了近四千元，而郭冬梅的退休金才一千元左右，这些年里根本存不下35万元。父亲生前说过，这些存款是因为子女工作后，经常往家里买东西，自己基本没有花销，加上平时省吃俭用才有的。

法庭上，宋乔山的子女呈递了两份婚前协议和一份没有签署时间的遗嘱。婚前协议约定，病故后各自与前夫妻合葬，遗留的一方由该方子女赡养，抚恤金由病故方子女结算，余款自行处理。同时，双方子女不得长期同老人共住。针对财产方面，协议约定：各自房屋和存款都为自己婚前财产，婚前债务自负，男方所分得的住房及个人存款为婚前财产，婚前个人财产由各自子女继承。个人婚前财产，双方及子女不得互相继承。婚后，双方退休金各自掌管，生活费由男方负责。对于婚后共同财产，双方子女各继承50%。同时，宋乔山还留下了仅署名为“父”的一份没有签署时间的遗嘱，大致内容是，由于全家团结一致并发扬勤俭持家、艰苦朴素的光荣传统和优良家风，加上平时节衣缩食，且儿女常往家里买东西，所以存了点儿钱，也置了房子和常用家具，希望子女互相照顾，并把所有存款和房子平均分配。

法院经审理认为，宋乔山和郭冬梅的婚前协议是双方真实意思的表示，且不违反法律法规规定，应属有效，双方均应依约履行。对于争议财产35万元是否为婚前财产，因协议中没有约定具体的婚前财产的数额，考虑到宋乔山婚前肯定有一定的积蓄，根据常理，两位老人的资金主要来源是退休金，所以根本不可能在八年期间积累巨额财产。最终，法院酌定认为两人婚后共同存款为六万元。根据双方子女各继承50%的约定，因原告的子女都表示将自己的份额转赠给母亲，法院最终判决，被告支付原告三万元。

【说法】

近年来，老年人再婚引发的纠纷呈上升趋势，主要包括离婚案件，以及因离婚而引发的婚前财产和共同财产的认定、彩礼的返还等纠纷。在此类纠纷中，很多老人不注重留存证据。本案中，宋乔山虽具有一定的法律意识，但对于婚前财产的约定却不明确，如能将婚前存款的具体数额加以约定，将遗嘱内容具体明确并注明日期，则更能有效避免纠纷，维护其子女的合法权益。

当遗产继承遇上“代位”

“代位继承”在现实生活中经常出现，这项权利看似简单，其中却有不少说道，处理不好还可能影响家庭的和谐。那么，这当中究竟隐藏着哪些法律关系呢?

孙某的父亲几年前因车祸离世。不久前，孙某的爷爷(其老伴儿已去世多年)又因病亡故，生前没有立下遗嘱。老人有两个儿子(即孙某的父亲孙甲和叔叔孙乙)一个女儿(即孙丙)。孙某的爷爷去世后留下楼房一套、存款十万元等遗产。孙某得知后找到其叔叔和姑姑(即孙乙和孙丙)，说明该遗产应有自己的继承份额。孙乙和孙丙以他们是第一顺序继承人为由，拒绝与孙某平分遗产。孙某遂诉至法院，要求行使自己的代位继承权。法院经审理，判决孙某与孙乙、孙丙享有同等继承权。

【说法】

代位继承是法定继承的一种特殊情况，《民法典》第一千一百二十八条规定：“被继承人的子女先于被继承人死亡的，由被继承人的子女的直系晚辈血亲代位继承。被继承人的兄弟姐妹先于被继承人死亡的，由被继承人的兄弟姐妹的子女代位继承。代位继承人一般只能继承被代位继承人有权继承的遗产份额。”根据这一规定，适用代位继承需满足以下条件：被代位继承人先于被继承人死亡；被代位继承人必须有法定继承权；代位继承只适用于法定继承。本案中，孙某与孙甲系父子关系，孙某父亲生前对老人履行了赡养义务，故此孙某享有代位继承权。

如何确定代位继承的遗产份额

张老汉有一子一女，儿子早年因意外事故去世，儿媳随后带幼子改嫁他人。不久前，张老汉因突发疾病抢救无效死亡，身后遗留了二十万余元的财产。老人的女儿处理完父亲的后事，正在办理遗产继承手续时，早已改嫁他乡的前儿媳却找上门来，要求本人分割前公公的遗产，儿子代位分割其父的继承份额。张老汉的女儿认为，兄长已故去多年，嫂子也早就改嫁他人，只有自己才是父亲的唯一合法继承人。双方为此闹上了法庭。

【说法】

张老汉的儿子去世后，前儿媳改嫁他人，没有对老人履行主要赡养义务，因此无权继承张老汉的遗产。但是，老人的孙子却有权行使代位继承权。对此，《最高人民法院关于适用〈中华人民共和国民法典〉继承编的解释（一）》第十一条规定：“继子女继承了继父母遗产的，不影响其继承生父母的遗产。”本案中，虽然孙子被母亲“带子改嫁”，成了别人的“继子”，但并不影响其代位自己的亲生父亲继承爷爷遗产的权利。因此，对于张老汉的遗产，他的女儿和孙子都享有法定的继承权。

至于代位继承遗产的份额，一般情况下，不受代位继承人人数的多少，以及辈分的限制，只能继承被代位继承人有权继承的份额，即两个或两个以上代位继承人只能继承其父或母的那一份儿，不能按人数参与平分遗产。关于对弱者的保护，《最高人民法院关于适用〈中华人民共和国民法典〉继承编的解释(一)》第十六条规定："代位继承人缺乏劳动能力又没有生活来源，或者对被继承人尽过主要赡养义务的，分配遗产时，可以多分。"实践中，遗产分割的时间、办法和具体份额，由继承人协商研究，协商不成的，可以由人民调解委员会调解或向人民法院起诉。

赠与和遗嘱，哪个有效？

徐伯六十多岁时，老伴儿因病去世，从此他就过上了独身的空巢日子。徐伯的老伴儿去世没多久，就有人跟他提亲，可徐伯整个冬天都病恹恹的，先是不停地感冒，后又转为肺炎。前来相亲的女士们一听说徐伯病个不停就都走了。就在徐伯度日如年时，妹妹徐小华成了他的救星。徐小华读初中时，父母相继去世，是哥哥徐伯担负起扶养妹妹的义务，并一直供她读完大专。为了照顾哥哥，徐小华一家人特意换了住房，与徐伯相邻而居。有了妹妹的精心照顾与陪伴，徐伯的身体日渐康复，这一照顾就持续了两年多。为感恩妹妹一家人，徐伯与妹妹徐小华签订了一份赠与合同，将自己所居住的两室楼房赠给徐小华，并当即将房屋产权证交给妹妹保管。由于种种原因，徐伯和妹妹一直没办理房屋过户手续。

后经人介绍，徐伯与来自乡下的康阿姨登记再婚，他们性格合得来，康阿姨对徐伯照顾得非常好，放心的徐小华渐渐退出了对哥哥的照顾。

幸福的日子，光阴总是过得飞快。后来徐伯患了肺癌，康阿姨整日陪在徐伯床前，对徐伯照顾得非常细致周到，同病室的病友无人不夸徐伯有福气。徐伯也是个有感恩之心的人，为报答康阿姨在病床前对他的不离不弃，也为了让康阿姨以后生活有保障，经过几番思考，他亲笔留下遗嘱："在我百年之后，归我所有、我所居住的房屋全部由康阿姨继承。康阿姨可给付我妹妹徐小华六万元作为替我的答谢。"写好遗嘱后，徐伯还当着前来看望他的几位亲人的面口头表示，等他病愈出院后就向徐小华说明情况，并索回房屋产权证。可在立下遗嘱不久后，徐伯就因医治无效去世了。

徐伯去世后，徐小华一纸诉状将康阿姨告上法庭，请求法院依法确认赠与合同有效，判令该争议房屋归自己所有。

法庭开庭审理过程中，徐小华诉称，在原嫂子去世后的两年多时间里，她一直主动在衣食起居等各个方面照顾哥哥。哥哥再婚后，她的责任虽有所减轻，但对哥哥的照顾一直没有间断。哥哥是为感谢她和家人的付出才立下了赠与合同，真心表示将该争议房屋赠与自己，并将该房屋的产权证交给她保管。双方之间的赠与合同是合法有效的，至于暂时未办理过户手续，并不影响赠与合同的效力。

被告康阿姨辩称，依据我国《民法典》的相关规定，赠与人在赠与财产的权利转移之前可以撤销赠与。徐伯在其赠与的不动产过户之前，有权通过立遗嘱的方式对该争议房产另做处理。

法庭在充分听取双方当事人的意见后，经调解，双方达成如下协议：该争议房屋归康阿姨所有，康阿姨给付徐小华人民币八万元，徐小华不再对该房屋主张任何权益。

【说法】

《民法典》第六百五十八条规定：“赠与人在赠与财产的权利转移之前可以撤销赠与。经过公证的赠与合同或者依法不得撤销的具有救灾、扶贫、助残等公益、道德义务性质的赠与合同，不适用前款规定。”在不动产交付前，行使撤销权，应受到(经过公证的赠与合同，救灾、扶贫、助残等公益性质的赠与合同，道德义务性质的赠与合同)三种情况的阻碍。那么，本案属于“道德义务性质”的情形吗？答案显然是否定的。

本案中虽然徐小华作为妹妹对哥哥徐伯进行了无偿的、义务性的照顾，但在徐小华未成年时也曾受到哥哥的扶养。那么依据《民法典》第一千零七十五条规定：“有负担能力的兄、姐，对于父母已经死亡或者父母无力抚养的未成年弟、妹，有扶养的义务。由兄、姐扶养长大的有负担能力的弟、妹，对于缺乏劳动能力又缺乏生活来源的兄、姐，有扶养的义务。”可见，在徐伯晚年无子女的情形下，徐小华应属于法定的扶养人，无论徐伯是否给予她财物，无论能否得到回报，她都有法定的扶养其兄的义务，更何况，徐伯在遗嘱中也并未忘记对妹妹照顾的回报。那么，此种情形下，徐伯是否赠与她财产并非道德上的义务与责任，不具有“道德义务性质”。因此，在徐伯赠与其妹妹徐小华的房屋未过户前，徐伯有任意撤销权。

遗产继承的几种特殊情况

情形一：父子同亡，儿媳能否继承公公遗产？

六十多岁的王某听说邻居家要挖鱼塘，就带着儿子小王前来帮忙。谁知在挖鱼塘时发生了塌方事故，王某和小王双双遇难。小王的妻子李某在和婆婆商量如何处理公公遗留下来的存款时却发生了意见分歧。婆婆说李某的丈夫和公公同时死亡，所以无继承权。李某遂诉讼到法院。法院经审理，认定小王为其父王某的合法继承人，李某为其亡夫的第一顺序继承人，判决争议遗产按照法定继承予以分割。

【说法】

《民法典》第一千一百二十一条规定：“相互有继承关系的数人在同一事件中死亡，难以确定死亡时间的，推定没有其他继承人的人先死亡。都有其他继承人，辈份不同的，推定长辈先死亡；辈份相同的，推定同时死亡，相互不发生继承。”李某的丈夫和公公在同一事故中死亡，应推定公公先死亡，所以其丈夫对公公的遗产享有继承权。

情形二：履行了赡养义务，丧偶女婿是否享有继承权？

1994 年，阚某与杨女结为夫妇。因岳母早年亡故，妻弟杨某又远在省城工作。故阚某夫妇婚后一直在岳父家生活。之后，杨女遇意外事故死亡。妻子去世后，阚某为照顾年老多病的岳父没有再婚，主动承担起了照料老人日常饮食起居的重担。妻子去世十年后，阚某的岳父也因病去世，身后留有房屋、家具等十万余元的遗产。处理完老人的后事，阚某要求与妻弟杨某共同继承这笔遗产。被杨某以姐夫不是法定继承人为由拒绝。为此，阚某到法院起诉，请求保护自己的合法继承权。法院经审理，确认阚某作为第一顺序继承人参加继承，判决阚某、杨某按法定继承分割老人遗产。

【说法】

《民法典》第一千一百二十七条规定，遗产的继承为“(一)第一顺序：配偶、子女、父母；(二)第二顺序：兄弟姐妹、祖父母、外祖父母”。由此可见，在一般情况下，丧偶女婿和儿媳的确不是法定继承人。但是，《民法典》第一千一百二十九条又规定：“丧偶儿媳对公婆，丧偶女婿对岳父母，尽了主要赡养义务的，作为第一顺序继承人。”同时，《最高人民法院关于适用〈中华人民共和国民法典〉继承编的解释(一)》第十九条也规定：“对被继承人生活提供了主要经济来源，或者在劳务等方面给予了主要扶助的，应当认定其尽了主要赡养义务或主要扶养义务。”本案中，阚某一直对岳父履行赡养义务，符合“尽了主要赡养义务的，作为第一顺序继承人”的法定条件。

情形三：再婚老人《身后互不继承遗产》的协议是否有效？

四年前，退休丧偶的梁老伯打算与单身妇女方某登记再婚，谁料却遭到了子女们的反对，理由是担心其父一生积攒的财产落入他人之手。考虑到财产继承问题，梁老伯和方某达成了一份《身后互不继承遗产》的协议，之后双方登记结婚。去年年底梁老伯因病去世，他的儿女从外地回来继承老人的遗产，但方某却表示，那个《身后互不继承遗产》的协议违反了“夫妻有相互继承遗产的权利”的法律规定，应属无效。所以她也享有对梁老伯遗产的继承权。那么。这个协议到底有没有法律效力呢?

【说法】

现实生活中，老年人再婚阻碍多、阻力大。其主要原因之一就是遗产的归属问题，而通过订立婚前、婚后财产以及遗产归属协议，不失为防患于未然的办法。虽然《民法典》第一千零六十一条做出了“夫妻有相互继承遗产的权利”的规定，但该法第一千零六十五条又规定：“男女双方可以约定婚姻关系存续期间所得的财产以及婚前财产归各自所有、共同所有或者部分各自所有、部分共同所有。”本案中，方某既然已与后老伴儿签订了上述协议，那么她就不再享有对梁老伯遗产的继承权。

情形四：死亡赔偿金算不算遗产?

去年初，老任夫妇的儿子小任向信用社借款三万元用于经商。同年10月小任因车祸不幸离世，肇事方赔偿老任夫妇约二十万元。因小任死亡时没有留下遗产，信用社将老任夫妇告上法庭，主张用这笔赔偿金抵做遗产清偿借款。法院经审理，判决驳回原告的诉讼请求。

【说法】

根据《民法典》第一千一百二十二条的规定：“遗产是自然人死亡时遗留的个人合法财产。”被侵权人死亡后的赔偿所有权应是近亲属，而并非死者。死亡赔偿金是被侵权人死亡后才取得的，并不是死亡前取得的财产，因此既然不是遗产就不能按照《民法典》第一千一百六十一条规定的：“继承人以所得遗产实际价值为限清偿被继承人依法应当缴纳的税款和债务。”来主张死者近亲属清偿债务。

——法律小贴士——

【怎样避免遗嘱产生的纠纷】

在一些涉及自书遗嘱的继承案件中，当事人争议的焦点往往集中于遗嘱的真实性，而遗嘱订立人的离世又给笔迹鉴定带来了一定的难度。但不排除有些当事人是因为不满财产的分配而刻意寻找遗嘱的瑕疵。法院审理中，真正存在瑕疵的遗嘱大约占了三成，曾经有老人撕了张日历就在背面写几句话，再自己签名，格式不规范，最终只能被认定为无效。

法定的遗嘱形式有五种：公证遗嘱、自书遗嘱、代书遗嘱、录音遗嘱、口头遗嘱。其中以公证遗嘱的证明力最高，通过公证可避免遗嘱的瑕疵。

公民在订立遗嘱时，不论选用哪种形式，都要先了解法律对不同形式遗嘱的规定。如果难以把握，不妨选择公证遗嘱的形式。

订立遗嘱注意以下内容：

1. 遗嘱的内容、签名、订立日期应该要明确清晰，避免表达上的歧义，最好要有见证人，且遗嘱应由专业人员起草，以确保遗嘱有效。

2. 代书遗嘱、录音遗嘱、口头遗嘱均必须有两个以上具有民事行为能力且无利害关系的人在场，方能有效。对口头遗嘱的规定，是仅限于遗嘱人在危急情况下做出。

3. 遗嘱人可以撤销、变更自己所立的遗嘱。立有数份遗嘱、内容相抵触的，以最后的遗嘱为准，最好能在变更后的遗嘱上写明之前遗嘱无效。自书、代书、录音、口头遗嘱，不得撤销、变更公证遗嘱。

4. 遗嘱所处分的财产只能是遗嘱人的个人合法所有财产，不能处分他人财产。如一位老人故去而其配偶尚健在，则遗嘱中只可处分自己的财产，而不能处分配偶的财产和夫妻共同财产中配偶所有的财产。

5. 法律优先尊重当事人的意愿，因此遗嘱继承权优于法定继承权。遗嘱进行公证后，遗嘱人可根据需要带走一份甚至几份原件自行保管。而公证处将保留一份原件存底，并列为密卷保管。在遗嘱人去世前，除其本人外任何人不得查阅。遗嘱人去世后，他指定的受益人或具有法定继承权的亲属可以查阅，人民法院等机构提供相关证明也可查阅。

第五篇
婚恋战场

——最美不过夕阳红——

“白头偕老”是所有人的美好愿望，但世事无常，大多数老人无法相伴而终。为了寻求心理上的安慰和精神上的快乐，80%的丧偶老人有再觅一个老伴儿的愿望，“黄昏恋”越来越被这个社会认可。

“黄昏恋”虽美，却也不尽是美满的结局，随之而来的老年人婚后的房产、子女赡养、遗产分割等纠纷案件也随之增多，往往比普通婚姻更加虐心。为避免纠纷，老人再婚时不妨做“婚前财产约定”公证。

分居后给不给生活费？

几年前，孙大爷与赵大妈喜结连理。两人都是丧偶再婚，比较珍惜感情，生活较和睦。去年，孙大爷的儿子从国外归来在深圳定居，他提出让父亲跟自己一起到深圳生活。思儿心切的孙大爷同意了，但赵大妈因为自己的子女都在当地，坚决不同意去深圳。于是孙大爷自己收拾行李去了深圳。

赵大妈身体不好，吃药、住院花费不少，每个月村里给的 200 元和子女给的零花钱根本不够用。经济困难的赵大妈把孙大爷诉至法院，要求孙大爷每月支付自己 1800 元生活费。对于赵大妈的诉讼请求，孙大爷很气愤，他认为之前和赵大妈生活在一起时，每个月的家用基本上都由自己负担，现在两个人就差领离婚证了，凭什么自己还出钱。况且，赵大妈有两个子女，子女应该赡养老人。

【说法】

《民法典》第一千零五十九条规定："夫妻有相互扶养的义务。需要扶养的一方，在另一方不履行扶养义务时，有要求其给付扶养费的权利。"这里的扶养是指夫妻之间的一方对其配偶负有提供生活供养责任的法律关系。孙大爷与赵大妈再婚为合法夫妻，虽已分居生活，但两人在法律上还是名正言顺的夫妻关系，两人之间有扶养互助的权利义务。现在赵大妈无劳动能力且无固定生活来源，孙大爷应该支付扶养费。同时，赵大妈的两个成年子女也应该赡养赵大妈。根据赵大妈子女的经济能力、孙大爷的收入等各项因素考虑，法院最终酌定孙大爷每月支付赵大妈500元扶养费。

非婚同居的纠纷

几年前，六十多岁的黄父经人撮合，和小他两岁的刘大妈走在了一起。刘大妈搬到黄父家中，一起生活了三年，但两人一直没有领证。去年5月，黄父因突发心脏病去世。处理完父亲的后事，黄父的女儿给了刘大妈两万元后，刘大妈就收拾行李回到农村老家。可是，刘大妈的子女不干了，认为母亲已经再婚，应该继承黄父的遗产。在子女的劝说下，刘大妈把黄父女儿告到法院，要求继承黄父遗产。

【说法】

现在很多老年人谈恋爱，认为只要住在一起互相有个伴，彼此照顾就行了，没必要再去民政部门领结婚证，这就给今后带来很多隐患。根据《民法典》规定，法定继承中有继承遗产权利的人为：配偶、子女、父母、兄弟姐妹、祖父母、外祖父母等。本案中，刘大妈虽与黄父一起生活，但是两人没有领证，不是夫妻，那么根据法律规定，刘大妈不能继承黄父的遗产。

忘年恋绕不开的财产分配

刘阿姨三十多岁时丈夫意外身亡，怕再婚后女儿受气，她一个人含辛茹苦把女儿抚养成人。没想到女儿生了孩子不久就离婚了，带着孩子搬回娘家。她只好又帮女儿带孩子，一直到外孙进了幼儿园，才真正闲了下来。之后，刘阿姨报名上了老年大学，认识了比自己小七八岁的兼职教师郭胜刚。郭胜刚工作稳定，又有兼职，也很有学问，刘阿姨本想撮合他和女儿，女儿和郭胜刚见过几面后，没有共同语言，无果而终。刘阿姨觉得有些对不住郭胜刚，于是常帮他做些家务，一来二去，两人产生了感情。在郭胜刚的反复劝说下，刘阿姨终于答应了他的求婚。

女儿得知后坚决反对，母女陷入了旷日持久的矛盾。结果，女儿趁刘阿姨外出时换了门锁，把她锁在了屋外，刘阿姨实在是忍不下去了，找到居民委员会，要求出证明断绝母女关系。

刘阿姨的女儿辩解说："买房子时我出钱了，我也是房屋的所有权人，有权利换锁。"并表示，自己反对的理由也是为了母亲后半生的幸福，不希望母亲在精神和财产两方面受损失。她说："母亲曾经把郭胜刚介绍给我，尽管两个人没有正式谈恋爱。但正常人谁也不能接受这样的婚姻。再说，妈妈年纪大了，郭胜刚还年轻，怎么能保证他以后不会变心呢？"并且提出，"如果母亲把房屋产权过户在我名下，我就同意您和他结婚。"

这天，刘阿姨告诉女儿自己已经定了结婚的日子，希望她也参加。女儿断然拒绝，并提出要房屋产权份额。刘阿姨看着不关心自己感受的女儿，伤心地说："你要房子？好，我走，房子归你了。

我把你辛苦养大，今后咱们断绝母女关系。”说完，刘阿姨摔门离去，搬到了郭胜刚家。不久，刘阿姨和郭胜刚登记结婚，日子过得和和美美。

半年多过去了，女儿果然绝情，没打过一次电话，也没有一次上门探望。刘阿姨实在咽不下这口气，要和女儿打官司，郭胜刚劝阻：“我估计你女儿就是以为我会侵占你的财产，损害她的利益。等时间长了她知道我不是那样的人，慢慢就会想通了。”

但后来，刘阿姨还是瞒着郭胜刚到法院立案，请求判令女儿停止侵权，搬出房屋。而女儿提起反诉，要求确认自己是房屋的共有人。法院在查明案件事实后，严肃地指出女儿干涉母亲的婚姻自由是错误的，希望母女二人通过和解建立起正常的亲属关系。在法官的调解下，女儿向刘阿姨承认了自己的自私，刘阿姨也表示财产今后都留给女儿，并且向法院申请撤诉。

【说法】

《民法典》第一千零六十九条明确规定：“子女应当尊重父母的婚姻权利，不得干涉父母离婚、再婚以及婚后的生活。子女对父母的赡养义务，不因父母的婚姻关系变化而终止。”婚姻自由是公民受法律保护的权利，不仅年轻人的婚姻自由要受到尊重，中老年人的婚姻自由同样神圣不可侵犯。

理不清的再婚账

夏伯伯在一次社区活动中认识了曹老师，后来两位老人情投意合，决定喜结连理。婚前曹老师建议写一份财产协议，怕日后引起子女间的纠纷，夏伯伯却认为协议既伤感情又伤自尊。就这样，两位老人结婚了。结婚以后，夏伯伯把自己的房子出租，搬到曹老师家住。

夏伯伯在八十多岁的时候，突发脑血栓，身体右半边瘫痪，生活完全不能自理。夏伯伯的子女以工作忙为由，让照顾夏伯伯的担子落在了曹老师一人肩上。曹老师一直独自忙前忙后，三个月以后她的身体也顶不住了，住进了医院。曹老师在国外定居的女儿马上回国探望，看到往日精神矍铄的妈妈变得十分憔悴，毅然要带着母亲出国。曹老师虽然心里放不下夏伯伯，但是自己年事已高，确实无力照顾，于是曹老师的女儿聘请了一个保姆照顾夏伯伯，预付了半年的工资。不料，夏伯伯的子女看到曹老师竟然不管不顾地和女儿出国了，非常生气，聘请律师替父亲解除夫妻关系。

双方代理律师对解除夫妻关系没有异议，唯一的问题就是财产分割。夏伯伯的代理人说，夏伯伯出租房屋九万多元租金、十万多元离休工资都交给曹老师保管，希望法院判归夏伯伯所有。但由于没有证据证明，最后法院没有支持夏伯伯的分割财产请求，只判决解除了婚姻关系。

【说法】

在实际生活中，为了避免婚后的财产纠纷隐患，老年人再婚前后对财产的书面约定必须明确。对于婚前财产不能只做概括的约定，而是要写明财产名称、数量、型号；对于婚后取得财产的约定，要写明约定的条件，判定归个人所有的标志，如存入某某名下的存款归谁所有等。

继母占房生纠纷

十多年前，老伴儿过世后，从工厂退休的彭利民便一直和女儿彭淑英居住在一起。后来，经济条件较好的彭淑英出资购买了一套房屋。当年年底，彭利民再婚，并和妻子吴娇燕一起住进了女儿购买的这套房子里。

然而，彭利民的这段婚姻没有维持几年便亮起了红灯。之后彭利民与吴娇燕达成了离婚协议，各自名下的财产归各自所有，各自债务自行负担。与此同时，彭利民答应给吴娇燕十万元补偿。本想着好聚好散，但吴娇燕却依然居住在房屋内不肯搬离。彭淑英几次与吴娇燕交涉无果，便向法院递交了诉状。

彭淑英认为，被告吴娇燕与父亲再婚时，她已成年，与被告不存在抚养或赡养关系，因此被告没有权利继续居住在自己的房屋内。被告吴娇燕辩称，涉案房屋是她本人和原告父亲彭利民共同出资购买的，仅仅是因为要使用原告彭淑英的公积金贷款，所以产权证才写了原告彭淑英的名字。和彭利民结婚后，涉案房屋的房贷一直由她本人支付，所以对房屋享有居住权，且现在自己无他处住房，所以不同意搬离。

法院审理后认为，原、被告虽曾为继母女关系，但被告与原告父亲结婚时，原告已经成年，被告并未对原告抚养教育，因此原告对被告并无赡养义务。现被告与原告父亲的婚姻关系已经解除，不适合继续居住在涉案房屋内，原告作为权利人要求其迁出的诉请，法院予以支持。吴娇燕不服提出上诉，二审法院维持原判。

【说法】

近年来，法院审理了很多起再婚老人一方去世后，配偶与再婚方子女产生房产纠纷的案件。这类案件的双方当事人由于没有血缘关系，加之涉及房屋产权、居住权等重大利益，庭审中火药味十足，几乎没有调解的意愿。

老年人再婚，往往顾虑较多，其中除了传统观念的因素外，大多源自对房产、继承等法律问题的考虑。为避免此类矛盾的发生，建议有再婚意愿的老年人不妨去公证处做一个“婚前财产约定”，明确婚前、婚后财产的归属，或就遗产继承问题进行公证，写明一方老人去世后的遗产分配，这样或可避免与子女、再婚配偶之间的矛盾冲突。

遇上“花心”老伴儿怎么办?

时下，银发一族“婚外情”已经成为影响夫妻感情和家庭稳定的重要因素。出于心理或者利益方面的考虑，受害方，尤其是女性老年人都会想方设法地获取背叛方“不忠”的证据。那么，出轨的形式包括哪些？获取“不忠”的证据有何技巧和注意事项呢？

首先，要明确出轨种类。

李女士是一位大学教授，平常大部分时间都在外地讲学。其丈夫黄某与一女子发生婚外情，两人从偶尔在一起吃饭、过夜，发展到后来干脆搬到一起居住。李女士回家后向“第三者”所住小区的停车场和电梯管理员取证，采集到他们长期一起出入的足够证据。李女士起诉离婚，并向过错方黄某提出了精神损害赔偿。

法院经审理，认定黄某的行为构成了《民法典》第一千零四十二条规定的“禁止有配偶者与他人同居”的情形，判决准予他们离婚，被告向原告支付离婚精神损害赔偿十万元。

其次，要知晓取证范围。

夏阿姨与丈夫江某是一对婚龄三十余年的夫妻，近年来感情一般。江某工作期间认识一女子王某，他们经常用微信聊天。江某将聊天记录拷贝在电脑上，后被夏阿姨获取并打印出来。这些聊天记录对两人的交往细节和暧昧关系都有记载。之后，夏阿姨以此为证据向法院提起离婚诉讼，并以其丈夫存在过错为由，要求他放弃分割夫妻共同财产。庭审中，江某否认自己有婚外情，不同意离婚。

最终，法院认定原告提交的证据不能证明被告发生婚外情的事实，且夫妻之间的感情尚未完全破裂，判决不准许双方离婚。

【说法】

现实中，取得证明婚外情的证据并非易事。鉴于“孤证难证”的采信原则，当事人应当从以下几方面入手，收集并形成完整的证据链条：1. 显示配偶与第三者亲密关系的合影等各种照片。2. 能够证明配偶与第三者有婚外情的录音，如谈话中过错方承认与他人的不正当关系等。3. 显示配偶与第三者婚外情关系的各种视频资料。4. 配偶与第三者之间存在婚外情的手机短信、电子邮件、微信、QQ等的聊天记录，包括配偶与自己、第三者与自己有关婚外情的短信联系等，必要时可申办证据保全公证。5. 配偶和第三者亲口承认并书写的保证书、悔过书，一起租房合同、物业和水电费凭据，开房记录，互赠的礼物等。6. 周围邻居、亲戚朋友的证人证言等。

在收集婚外情证据时，一定要讲究方式方法，具体注意以下四点。

一是注意证据内容的关联性，即能够证明“感情确已破裂”。法院对于因“出轨”问题解除婚姻关系的把握是：夫妻一方是否违反了恪守贞操之纯洁性的义务，具体指与婚外异性发生不正当两性关系。如果当事人只能提供记录搂肩、牵手、接吻等亲密暧昧举动的照片或录像，则不能断定“感情破裂”进而判决离婚。

二是取证的方式，以不能侵害他人合法权益或者违反法律禁止性规定为前提。比如未经同意侵入他人住宅，私自在他人办公室、住宅或旅店安装偷拍监听设备，这些证据会因违法获取而被排除。可以在自己家里安装监控设备取证，或在公共场所拍摄当事人活动照片，但不能对第三人进行伤害。

三是要形成有效的证据链。如果没有在自己家捉奸在床的直接证据，就要注意搜集相关音视频资料、多次出入宾馆的开房记录等。

四是适当借助公权。比如发现配偶与第三者在宾馆开了房，应及时报警，由公安机关介入制作询问笔录。

必须赔付的“忠诚欠款”

因前夫“出轨”离婚后，六十多岁的李女士经人介绍与退休干部张某相识，并登记结婚。日前，李女士又因张某出现婚外恋而站在了法庭上。庭审中，双方均表示同意离婚，同时李女士出具了一份张某书写的《忠诚保证书》，上面载明：“若是因外遇导致家庭破裂，张某愿意承担十万元精神补偿费，并放弃所有家庭财产。”法院审理认为，张某书写的保证书，符合《民法典》的原则和精神，内容亦不违背法律禁止性规定，遂判决被告赔偿李女士精神补偿费十万元。

【说法】

对于这个案例，可以从四个方面来认识。

第一，《忠诚保证书》是有效的。本案的《忠诚保证书》，是张某作为具有完全民事行为能力的特定当事人在不违反法律和不损害公序良俗的前提下，自愿增设了关于身份关系的“违约责任”条款。

第二，《忠诚保证书》是法律规定的夫妻忠实原则的具体化。我国《民法典》第一千零四十三条规定：“夫妻应当互相忠实，互相尊重……”《忠诚保证书》就体现了维护和谐家庭关系的美好愿望。

第三，违诺要承担法律责任。《忠诚保证书》签订后，被告本应遵循诚信原则，按照承诺全面履行自己的忠实义务。但其却因自身的过错侵害了妻子的权益。《民法典》第一千零九十一条规定的损害赔偿包括物质损害赔偿和精神损害赔偿。故而赔偿请求得到了法院的支持。

第四，惩戒“违诺者”具有法律和现实意义。法院的判决反映了法律对违反夫妻忠实义务的批判态度和对健康的婚姻道德精神的提倡，起到的是双重的保障和教育作用，有助于树立规则的权威性。

《恋爱保证书》的闹剧

六十多岁的于先生丧偶，有房有车，退休后又找了一份兼职，收入尚可。五十多岁的王女士已离异两次。他们相识并建立恋爱关系后，于先生向女友王女士借款五万元用于经商。在经营过程中，于先生的生意一直是赔多赚少。他担心王女士变心，就要求女友出具了一张“如日后女方提出分手，男方所借五万元现金则不用归还”的《恋爱保证书》。一年后，王女士与于先生解除恋爱关系，之后王女士要求于先生归还借款，但后者则以王女士已做出保证为由拒绝还钱，双方为此闹上了法庭。

法院审理认为，尽管原告已出具“保证书”，但仍有权要求于先生归还借款，遂判令被告于判决生效后的十日内还给原告之前的借款五万元及利息。

【说法】

本案中的恋爱关系不能按照《民法典》中确定的尊重当事人意思的原则来确定其效力。并且以金钱限制婚姻自由的做法不符合法律规定。任何人不能以金钱的方式或通过经济制裁，把他人限制在恋爱关系内。本案中，于先生试图通过一纸《恋爱保证书》来限制恋人的基本人身权利，无疑违背了法律规定。《民法典》还规定，违反法律或者公序良俗的民事行为无效。根据上述规定，本案中书写保证书的行为属无效民事行为。

离婚之后还有哪些权利可以争取?

近年来,“银发一族”的离婚案件,特别是再婚后离婚的比例呈上升趋势。根据法律规定,离婚后原配偶双方与婚姻伴生的其他民事法律关系在一定时期内依然存在,一方对另一方仍然享有某些民事权利。

无过错方可请求损害赔偿

春节刚过,退休的老李以夫妻感情确已破裂为由向法院起诉,要求与妻子刘某离婚。庭审中,刘某声泪涕下地向法庭陈述丈夫老李与第三者同居的事实。老李当庭予以否认,而刘某也未能提供相应的证据证实。离婚后,老李放下了心里的顾忌,向刘某公开了其与第三者同居的事实。在掌握了确切证据后,刘某再次将前夫李某告上了法庭,请求损害赔偿。法院判决支持了原告的诉讼请求。

【说法】

《民法典》第一千零九十一条规定,“有下列情形之一,导致离婚的,无过错方有权请求损害赔偿:(一)重婚;(二)与他人同居;(三)实施家庭暴力;(四)虐待、遗弃家庭成员;(五)有其他重大过错”。所以作为离婚诉讼被告的无过错方,可向法院请求判决原配偶赔偿因离婚过错而造成的物质损害和精神损害。同时,《民法典》第一百八十八条规定:“向人民法院请求保护民事权利的诉讼时效期间为三年。”

财产分割协议可以反悔

村妇李某与前夫因感情不和而协议离婚，当时李某只想早点离婚，对财产分多分少不太在意。离婚协议上其中一条这样约定：双方自愿离婚，李某愿意将夫妻共同财产全部留给前夫。事后，李某觉得离婚时双方所订的财产分割协议对她不公，想再向前夫索要一些财产，于两年后向法院提起诉讼。法院经审理，驳回了李某的诉讼请求。

【说法】

《最高人民法院关于适用〈中华人民共和国民法典〉婚姻家庭编的解释(一)》第七十条规定："夫妻双方协议离婚后就财产分割问题反悔，请求撤销财产分割协议的，人民法院应当受理。人民法院审理后，未发现订立财产分割协议时存在欺诈、胁迫等情形的，应当依法驳回当事人的诉讼请求。"此规定与原规定相比，删除了"一年内"的期限，可适用普通的诉讼时效，即适用《民法典》第一百八十八条"诉讼时效期间为三年"的规定。

那么。如何认定双方在离婚时达成的夫妻共同财产分割协议是否存在欺诈和胁迫行为呢？根据最高人民法院有关司法解释的规定，一方当事人故意告知对方虚假情况，或者故意隐瞒真实情况，诱使对方当事人作出错误意思表示的，可以认定为欺诈行为。行为人以给另一方当事人或者其近亲属的生命、身体、健康、名誉、财产等方面造成损害为要挟，迫使另一方当事人违背真实的意思表示的，可以认定为胁迫行为。本案中，李某因为急于同前夫解除婚姻关系，自愿放弃夫妻共同财产，不存在被胁迫和欺诈的情形，故其要求变更或者撤销财产分割协议的诉讼请求被法院依法驳回。

原有共同债务连带偿还

退休干部吴女士与王某婚姻关系存续期间，曾向女方的朋友李某借款买了一辆家用轿车。几年后，双方协议离婚，离婚时这笔债务没有清偿。在离婚协议中，双方约定夫妻所有的共同财产平均分割。离婚后。当债权人李某向吴女士主张债权时，吴女士碍于朋友的面子还清了全部债务。之后，吴女士要求王某与其共同承担债务，王某却以已经离婚，与其无关为由拒不承担债务。吴女遂向法院提起诉讼。经审理，法院判令王某与吴女士共同承担还款义务。

【说法】

《最高人民法院关于适用〈中华人民共和国民法典〉婚姻家庭编的解释(一)》第三十五条规定："一方就夫妻共同债务承担清偿责任后，主张由另一方按照离婚协议或者人民法院的法律文书承担相应债务的，人民法院应予支持。"离婚后，任何一方就夫妻共同债务承担连带清偿责任后，有权向另一方追偿。如另一方拒不执行的，可申请法院强制执行。

请求重分被隐瞒的共同财产

王女士和丈夫于去年底到法院诉讼离婚，双方在分割财产时发生了分歧。王女士只知道丈夫一直在炒股，但到底有多少股金心中无数。诉讼中，丈夫说股金总额大约八万元，他同意给王女士十万元。离婚后，王女士自己管起了账目，对股票知识有了初步的了解。经过咨询，她弄清了前夫炒股的证券营业部并查到了股东代码，知道了当时前夫名下的资金有 33 万元之多。

王女士再次起诉到法院，要求对财产重新分割。法官经核实证据，最终认定此款是王女士与前夫的共同财产，遂判决被告再给付原告人民币十万元。

【说法】

离婚时，有的当事人为了分得更多的财产往往会采取非法手段隐瞒夫妻共同财产。对此，《民法典》第一千零九十二条规定：“夫妻一方隐藏、转移、变卖、毁损、挥霍夫妻共同财产，或者伪造夫妻共同债务企图侵占另一方财产的，在离婚分割夫妻共同财产时，对该方可以少分或者不分。离婚后，另一方发现有上述行为的，可以向人民法院提起诉讼，请求再次分割夫妻共同财产。”根据这一规定，一方发现另一方有上述行为的，可向法院请求再次分割隐瞒的夫妻共同财产。请求再次分割的诉讼时效为三年，适用《民法典》第一百八十八条“诉讼时效期间为三年”的相关规定。

老夫妻为房假离婚，离出一地鸡毛

李桂莲和丈夫黄志国是农民，为了供儿子黄鹏飞读大学，多年来全家一直挤在破旧的祖屋里。后来，一条好消息让她振奋起来——由于修路，村里的几十户房屋要拆迁，其中就包括自己家的祖屋。按照补偿协议，家里可以获得一套 120 平方米的小区安置房。终于可以住上大房子了！就在李桂莲兴冲冲地准备去签拆迁补偿协议时，她却发现了一个非常奇怪的现象：在短短不到一个月的时间里，村里有七对夫妻离婚了，其中还有两对是六十多岁的老夫妻。

一顿旁敲侧击后，李桂莲终于知道了其中的猫腻：按政策规定，安置房补偿以户为单位，比如单身户可以分得一套70平方米的公寓，夫妻、一家三口或者单亲家庭可以分得100平方米的三房两厅，三代以上可以分得120平方米以上的大房子，多余的原住房面积则折兑成现金补偿。如果一家三口，夫妻离婚了，单身丈夫就可以分得一套小公寓，妻子与孩子能分到一套三房两厅……所以，不少"精明人"为了多分得一套小房子而办理了"假离婚"。

李桂莲心动了，放在眼前的便宜干吗不占呢！在李桂莲的软磨硬泡下，黄志国虽然心不甘情不愿，但总算是勉强同意了。在民政局，黄志国亲眼看到两对老年夫妇被工作人员怀疑假离婚而拒绝了，而且由于人多，等了老半天也没轮到自己，这下黄志国死活不同意离婚了，拽着李桂莲回到了家。回到家里，黄志国就大发雷霆："就说没这么容易嘛，哪有让你随随便便就能赚一套房子的？简直异想天开，发神经！"可李桂莲不死心，第二天还准备再去民政局，这回黄志国是死活不动了。于是，一场轰轰烈烈的家庭战争爆发了。李桂莲大吵大闹，还动手打了黄志国。这下，黄志国被彻底激怒了："离就离！有什么了不起的！"一路上，李桂莲不停地和丈夫争吵。到民政局后，她更是放开嗓门大哭起来，还当着工作人员的面给了丈夫几个耳光。黄志国怒火中烧，还手打了她两下。李桂莲顿时瘫坐在地上，泪流满面道："我被你打骂了一辈子，今天要是不跟你离婚，我就死在这里！"工作人员马上为两人办理了离婚手续。

其实，与丈夫吵架、打闹，都是李桂莲头一天晚上就想好的，回到家里，李桂莲就向丈夫说明了情况。可是黄志国得知真相后却觉得自己受到了欺骗，接连几天都闷闷不乐。儿子黄鹏飞安慰父亲："爸，你别太往心里去，不就是演戏给人看吗？妈不是真的跟你离婚。"可无论他怎样劝，黄志国就是沉默不语，连吃饭都不跟大家同桌。黄鹏飞有些担忧父母不复婚，李桂莲却自信地拍着胸脯说："看他敢！"但她万万没有想到，这件事真的伤害了丈夫。在离婚后等待搬新房的那几个月里，黄志国竟然病倒了三次。

李桂莲终于分到了两套房。但由于李桂莲和黄志国已离婚，李桂莲与儿子分得的是大房子，所以小房子的产权证就写上了黄志国的名字。搬新居那天，黄鹏飞一转身却发现父亲不见了。黄鹏飞和母亲一起来到小区，发现父亲的新房紧锁着门。李桂莲始终认为老头儿是在耍脾气，过几天气儿就都消了。但等她搬进了新房，一周过去还是不见黄志国的身影。李桂莲跑到他的门口去等，谁知丈夫没等到，却等来了丈夫的嫂子过来卖房。李桂莲一时气急，便和她吵了起来。嫂子反驳道："这是你的房子吗？你有房产证吗？你有钥匙吗？你为了一套房子，竟然跟生活了三十多年的老公离婚！他现在不想跟你过了，你活该！"原来，黄志国住到了他的哥哥家，还用自己的房与哥嫂的房调换。

李桂莲禁不住号啕大哭，黄鹏飞带着母亲找到了父亲，可是无论他怎样苦劝，父亲都无动于衷。李桂莲当即指责道："你这个人太阴险了！你要真不想和我过，为什么不早点说？"黄志国痛心地说，自从和李桂莲结婚后，自己一直逆来顺受，有好几次都想离婚，但为了儿子，都放弃了，这次他终于忍无可忍，决定过自己的清静日子。

一个晚上，不甘心的李桂莲独自来到黄志国的住处，不停地敲门，开门的却是一个名叫阿秀的保姆。看到丈夫的屋子里有了别的女人，李桂莲马上不依不饶，黄志国不得不打电话让儿子将李桂莲接回家。一连串的打击让李桂莲变得神经兮兮，久而久之，儿媳对婆婆也没了好脾气，一时间婆媳矛盾频发，夹在中间的黄鹏飞苦不堪言。

一天傍晚，黄志国突然打电话给儿子："快来！你妈疯了！"原来是李桂莲又偷偷跑到黄志国的楼下胡言乱语，有人劝她，她却骂人，还朝别人扔东西……黄鹏飞将母亲带到了医院，医生确诊李桂莲患了精神分裂症。没多久，妻子向黄鹏飞提出了离婚，黄鹏飞苦苦哀求仍无济于事。离婚后，黄鹏飞在空荡荡的房子里，看着自言自语的母亲，不禁失声痛哭……

【说法】

《民法典》第一百五十四条规定："行为人与相对人恶意串通，损害他人合法权益的民事法律行为无效。"因此，若想以离婚为手段套取安置款物的，该离婚协议无效，情节严重的应依法追究刑事责任。近年来，夫妻为了骗取房子而离婚的现象屡见不鲜，有的是想拿到更多的房屋拆迁安置款，有的是想获取购买二套住房的优惠资格。但不管什么原因，这种离婚是极其危险的。一方面，这种现象已经引起了相关部门的关注，并采取了相应的措施予以制止；另一方面，受经济利益或情感波动的影响，当事人难免会假戏真做，导致家庭破裂。在经济社会中，每个人追求财富的愿望都无可厚非，但凡事皆要有度，更要有节，不能失守诚信与道德的底线。

一场“不怀好意”的黄昏恋

谢寿保的妻子很早就离开了人世，虽说膝下有子女，但终究很少有时间陪伴他。随着年纪的增长，谢寿保腿脚不利落了，整天闷在屋里的他，愈加觉得日子难熬了。孝顺的子女商量着要给父亲雇个保姆。经过一番挑选，进城务工的农村保姆刘怡珍被请到谢寿保家里。有了保姆的照顾，谢寿保也渐渐有了精神头儿。儿女们很开心，经常给刘怡珍买些吃穿，表示感谢。

转眼过了半年，在一次和邻居的闲聊中，刘怡珍无意中听到了一个信息，楼下的王老太与老王头是二婚。婚后两年，老王头去世了。因为老王头是矿上的工人，患有职业病硅肺(曾称“矽肺)，按照有关规定，家属能领到抚恤金。看着王老太现在生活得那么滋润，刘怡珍的心被触动了——谢寿保也是矿上的工人，如果同他结婚，那自己的后半生不就有了切实保障了吗？

刘怡珍一改往日的形象，把注意力全部转移到谢寿保身上。一方面注意起了自己的穿衣打扮；另一方面在生活上也更加关心谢寿保。一来二去，他们之间的感情发生了微妙的变化。谢寿保向儿女表达了自己要梅开二度的想法后，毅然决然地和刘怡珍生活在一起。刚开始两人还算融洽，一段时间过后，刘怡珍向谢寿保提出，要存钱以备将来应急。谢寿保此时已经七十多岁了，他觉得没必要为了存钱而影响现在的生活，但想到刘怡珍的建议也是有道理的，于是他提出在不影响现在的生活质量的条件下，可以进行一些资金的存储。此后，刘怡珍每月存 400 元。随着年龄的增长，谢寿保的身体每况愈下，刘怡珍又提出将每月存的钱增加到 800 元。这让谢寿保不满了，于是他再次重复了自己的观点：可以存钱，但不要影响生活质量。可是事与愿违，以前每天一包奶、有荤有素的生活再也没有了。

谢寿保选择了用离家出走的方式来抗议，并办理了新的工资卡，一个人搬到了养老院居住。此时，谢寿保的子女看不下去了，于是他们建议父亲离婚。可刘怡珍此时却坚决反对，她非常直接地表示，除非一次性支付十万元保姆费，否则自己坚决不会离婚，同时向法院起诉，要求谢寿保给付自己扶养费。

法院依法判决谢寿保每月支付刘怡珍扶养费 300 元。一晃两年过去了，谢寿保以感情不和、分居两年为由向法院起诉离婚，经调解无效，法院依法判决两人离婚、分家析产。至此，两人之间的恩恩怨怨终于画上了一个句号。

【说法】

赔了夫人又折兵，在这场黄昏恋中，谢寿保损失不小，精神上的伤害和财产上的损失对于他来说应该是一个不小的打击。但是，这也让他有了一个深刻的教训——即便是黄昏恋，也要对对方的人品有深入了解。这场不怀好意的婚姻也为老年人提了个醒，黄昏恋可以有，但是组成家庭却要慎之又慎，一定要三思而后行，不要盲目作出决定，以免日后产生不必要的纠纷。

——法律小贴士——

【未雨绸缪，婚前协议保护再婚权益】

随着子女及老年人自身观念的转变，选择再婚的单身老年人也日渐增多。而对于准备再婚及已经再婚的老年人应该对自己的财产进行妥善安排，通过事先预防来避免纠纷。婚前未雨绸缪的签订婚前财产协议，能够最大程度地保证婚姻的幸福。

对婚前财产进行书面约定

《民法典》第一千零六十五条规定："男女双方可以约定婚姻关系存续期间所得的财产以及婚前财产归各自所有、共同所有或者部分各自所有、部分共同所有。约定应当采用书面形式。没有约定或者约定不明确的，适用本法第一千零六十二条、第一千零六十三条的规定。夫妻对婚姻关系存续期间所得的财产以及婚前财产的约定，对双方具有法律约束力。夫妻对婚姻关系存续期间所得的财产约定归各自所有，夫或者妻一方对外所负的债务，相对人知道该约定的，以夫或者妻一方的个人财产清偿。"因此，在结婚登记前，夫妻可签署书面协议，也可以进行公证，对各自婚前财产和债务的范围、权利的归属问题达成一致意见。婚前财产公证可以稳定家庭关系和财产关系，有利于预防婚姻纠纷，保护夫妻双方合法权益。若已登记结婚，亦可进行婚后财产公证。另外，结婚之后亦可签订婚后财产协议，与婚前协议效果一样。

重视并妥善管理权利证明

由于不懂法律、信任儿女与配偶、自身行动不便、记性不好等原因，很多老年人对不动产登记情况不甚清楚，他们把房产证、身份证等证件交由子女或配偶保管，导致自己的权利被悄悄转移都毫不知情。应该说明的是，公证虽然是对双方财产归属进行的确认与证明，但在公证之前就应对各自所有的财产权属状况进行明确。夫妻共同财产若登记在双方名下则更能提高安全度。

订立有效的遗嘱

子女及再婚配偶为争夺遗产而反目成仇并诉至法院的案例不胜枚举。建议老人在健康时订立有效的遗嘱，并妥善保管。老人再婚时面临的情感与经济问题皆较为复杂，建议将个人及双方的财产在法律的框架内进行妥善安排，以确保生前幸福及身后宁静。

第六篇
防骗反诈

——警惕那些无处不在的诈骗——

如今，针对老年人的犯罪呈现上升趋势。

由于老年朋友生活圈、社交圈等相对较为封闭，判断能力下降，获得投资的信息来源少，且易轻信他人，因此常常成为经济犯罪尤其是涉众型经济犯罪的主要诈骗对象，老年人合法权益屡遭侵犯。

骗子们以高额利息为饵，巧舌如簧，极尽鼓噪之能事，引诱老年人进行所谓的投资，有的老年人甚至拿出了毕生积蓄，但最终的结果却往往是血本无归，“竹篮打水一场空”。

希望老年朋友提高风险防范意识，切莫轻易上当。

老人身边的狼“儿子”

六十多岁的莫阿姨是个独居老人，老伴儿早年过世，女儿也远嫁他国，由于远隔重洋，每年仅回来一两次。每次回国，女儿为了尽孝，都会给莫阿姨一大笔钱，让她在国内吃好喝好，以弥补未能在身边尽孝的遗憾。看着女儿在异国他乡为了生活拼命工作挣钱，莫阿姨十分心疼女儿，所以她把女儿给的每笔钱都存进了银行，一分未用，还想着拿这笔钱能为女儿做点什么。

平时闲来无事，莫阿姨经常去银行，一来看看自己存的钱赚了多少利息；二来和工作人员聊聊家常打发时间，因此银行大部分工作人员都认识她，甚至连她的家底都知道得一清二楚。

一天，当莫阿姨再次拿着女儿给的生活费走进银行时，理财经理李旭东主动上去搭讪，一番闲聊之后，李旭东介绍了一些高回报的理财产品，并游说莫阿姨可以做个投资，用钱生钱，也好帮女儿减轻一下负担。回家后，莫阿姨思量许久，想到身边的很多朋友都买了投资理财产品，再说银行应该是信得过的，于是决定先做个短期小额的理财试试。果然，银行按期支付了高额利息。初次尝到甜头后，莫阿姨心里有了底，便有了第二次、第三次的投资理财，再加上李旭东主动嘘寒问暖，大打温情牌，陪旅游、陪过生日、陪购物……一年下来，莫阿姨已经把李旭东当成了半个儿子。

后来，莫阿姨又找到李旭东，表示要用手上的400万元去买理财产品。一听数额如此之大，李旭东先是一惊后又一喜。打听后得知，这些钱是莫阿姨怂恿女儿和女婿从国外汇来，交给她做“稳赚不赔”的投资的。李旭东提出，要确认莫阿姨银行卡内到底有多少金额。当莫阿姨在柜台查询余额时，李旭东刻意紧挨着莫阿姨，将偷窥到的密码记了下来，他萌生了把这笔钱转入自己的账户炒股的念头。之后，李旭东拍着胸脯向莫阿姨保证，能够如往期一样获取稳定的收益，而一些烦琐的步骤就交给他来“代劳”，就连所谓的理财合同上的手机号码和联系方式也填李旭东的。结果，莫阿姨银行卡中的 440 万元（女儿汇 400 万元，加上卡内余额 40 万元）就成了李旭东的囊中之物。

十个月后，法院开庭审理了李旭东盗窃案，被告人李旭东通过网银窃取他人 440 万元用于炒股和赌博，其行为构成盗窃罪，被判处有期徒刑十四年。

【说法】

独居老人要努力融入社会。该案之所以发生，很重要的一个原因在于，莫阿姨的子女对她缺少关心、缺少交流。作为子女，即使因为种种原因和老人分隔两地，也要经常主动关心和提醒老人，告诉他们社会上发生的事情，比如有哪些针对老年人的违法犯罪手法，让独居老人随时保持警惕，不与社会脱节。

此外，老人的内心通常都是非常脆弱的，一旦上当受骗了，他们往往会十分内疚。这时候，作为子女不要去过多地指责他们，而应该多用一些耐心去安慰受伤的老人，减轻他们内心的压力。毕竟“钱财乃身外之物”，相比之下，亲情更重要。

诱人的“兑奖”迷局

一天上午，以宋小军为首的诈骗团伙来到了某市的一条传统商业老街，这里是中老年人青睐的购物区。在熙熙攘攘的人群中，骗子们迅速锁定了一位七十岁开外，打扮光鲜的老年妇女刘老太。

宋小军将车子停在了刘老太身后的不远处，之后，熊某和孙某下车悄悄尾随刘老太，拉开了骗局的帷幕。目标越来越近了，谌某见时机已到，便大声吆喝起来：“领内衣抽大奖，能治病的内衣，促销型奉送啦!”果然，刘老太的视线被这吆喝声吸引了过去，谌某冒充促销人员说道：“阿姨，这衣服可以治疗高血压的毛病，只有三件是免费的，现在送您一件，还可以抽奖。”这时的谌某看起来完全是一位热情大方的促销小姐，她边说边塞给刘老太一件事先买好的低价内衣。

此时，佯装看热闹的熊某和孙某也不紧不慢地来到刘老太的身边。“有什么好东西啊？哎哟，那么好看的内衣不要钱啊!”“谁说不要钱的，今天是促销广告，以后都是要钱的。”谌某用事先商量好的台词和两人“对着戏”，并将另外两件内衣给了熊某和孙某。谌某装出一副惆怅样：“啊！那么快就领光啦，那好吧，你们三位上车来，公司专门安排了抽奖，反正是为了推广产品嘛，总要再送点红包的。”随后，熊某和孙某上了车，刘老太随后也跟着上了车。

上车后，谌某对三人说：“你们有没有带身份证？身份证的号码是可以兑奖的。”熊某、孙某均表示没带身份证，正如他们的预料，刘老太表示也没带身份证。谌某又说：“虽然你们都没带身份证，但你们身上的钞票编号也是可以兑奖的。”于是，刘老太给了谌某两张二十元人民币和一张十元人民币。谌某假装看了看，对刘老太说：“两张二十元中了，十元的没有中。”

谌某又对刘老太说：“你的戒指、耳环、手链上面的号码也是可以兑奖的。”此时的刘老太已因为初战告捷而热血沸腾，听说还有机会兑奖，又怎可错过，于是刘老太就将手上的两枚金戒指，一条金手链和挂在耳朵上的一副金耳环统统交给了谌某，谌某背对着刘老太，仔细对着手中的一张表看了又看，突然跳了起来，“怎么会这样，怎么可能！阿姨，恭喜您，您中奖了，你一共中了14020元。”

谌某拿出一张报纸装模作样地把首饰包起来，还拿了一张纸条夹进去。此时熊某和孙某突然和刘老太搭讪，祝贺她获奖了。谌某趁机调包后，对刘老太说：“您的金银首饰都已包在报纸里了，里面还有一张纸，上面写了地址，你带着身份证还有这些金银首饰可以到这个地方去兑奖。”此时车应声停下，刘老太下了车，宋小军等人则驾车悄悄离开。充满喜悦的刘老太激动地打开报纸仔细核对地址时，看到了一堆明显是地摊货的假首饰。

【说法】

本案是一种很常见的诈骗手法，骗子们利用老年人提防心比较弱，容易轻信他人，又有点贪小便宜的特点，骗取老年人的钱财。因此，老年人应从自我防范做起，守住第一道防线。在日常生活中，老年人由于自身判断能力较弱，最好不要急于决策，多和家人或身边的朋友商量，碰到有陌生人主动攀谈，一定要提高警惕。

房子被“偷”！警惕“房诈”

近年来，有关老人“以房养老”却“房财两空”的新闻引发社会的关注。随之，一种以理财之名实施的新型“房诈”浮出水面。给老年人造成了巨大的经济损失和精神伤害。在谴责犯罪嫌疑人恶行的同时，我们也有必要知晓他们的诈骗伎俩，以期让老年朋友主动增强防范意识，在遭遇类似骗局时不再轻易上当。

房子怎么成了别人的?

一次偶然的机会，艾阿姨认识了自称“以房养老”项目负责人的陈女士，对方以“低风险高利息”为诱饵，让艾阿姨用房产证找“金主”老禾做定期的抵押贷款，再把贷到的钱借给陈女士，期满后，艾阿姨能从陈女士处收回全部本金加利息，再用本金从老禾那里赎回房产证，能净赚近几十万元的利息。心动的艾阿姨在陈女士的“指导”下签署并公证了一系列法律文书，最终她的房屋在本人毫不知情的情况下被直接过户，自己无家可归。经查，同一时期，与艾阿姨有类似遭遇的老年人有数十人。下面，让我们来捋一捋艾阿姨被骗的全过程。

第一步，编造诱人借口。艾阿姨在“朋友”陈女士的推荐下，接触到名为“以房养老”的理财形式。陈女士的“指导”充满诱惑力：“就是将房子拿去小额贷款公司做抵押，抵押到的钱交给老禾做理财，不妨碍房屋自住，也不妨碍出租，贷款利息由老禾偿还，每个月给艾阿姨3%的利息，一年期满后本金退回，再把房子赎回，完全‘零风险’。”艾阿姨由此动心。

第二步，不让儿女知晓。在艾阿姨决定用个人名下的一套八十多平方米的房子去做抵押贷款时，陈女士特意嘱咐她不要让家人和亲朋知道，省得别人“抢好处”。老人此时已被“高额回报”深深迷惑，表示“一定不让家人知道，等挣到钱再告诉他们”。

第三步，贸然签字“入套”。艾阿姨与老禾介绍的中间人刘先生在公证处签署了委托书(公证后的委托书具有更强的法律效力)。签了处分委托书，等于将房屋的出售、抵押、质押、互换、租赁等权利全部委托给受托人处分，而受托人可以在委托人并不知情的情况下完成授权范围内的一切行为。整个过程中，刘先生一直哄骗老人说是走程序，艾阿姨则以为是“以房养老”理财合同文书，没有详细审查内容就签了字，签字后也没有留存这些文件。这就为将来刘先生自行卖房做了“合法”铺垫。

第四步，抵押过户步步“套牢”。在艾阿姨与真正的放贷人冯先生到房管部门办理完抵押过户手续后，冯先生向艾阿姨的账户上打了 220 万元借款，艾阿姨把其中的 28. 7 万元转给了刘先生做服务费，剩下的 191. 3 万元打给了陈女士，由其交给老禾做投资理财。除陈女士给艾阿姨出具的一张借款 200 万元分期偿还的借条外，老人手里既无书面合同，亦无其他债权证明文件。

第五步，房子落入他人之手。上述步骤走完后，艾阿姨在前两个月收到老禾给付的 20 万元理财利息后，老禾便不再“露面”，从电话敷衍到人“完全失踪”。此时刘先生、冯先生的催债电话越来越频繁。直至艾阿姨的房子因刘先生有委托书而卖出，新的买家上门要求腾房时，艾阿姨才如梦初醒，报警并提起诉讼。

房子还能追回来吗?

骗局发生后，在以下三种情况下，艾阿姨的房子有可能要回或追回部分损失。

一是证明存在“恶意串通”的情形。我国《民法典》第一百五十四条规定：“行为人与相对人恶意串通，损害他人合法权益的民事法律行为无效。”本案中，如果刘先生进行房屋转让时的价格是合理的，且对方是善意第三人，并已办理完产权过户手续，房屋将很难追回。这种情况下，艾阿姨如果能够证明刘先生与买受人之间存在恶意串通(需掌握相关资金往来记录、交谈记录等证据)，或者以明显低于市场价的价格成交(一般低于市场价的75%)，将是能否成功维权的关键。

二是房屋买卖行为认定为诈骗。公安机关对艾阿姨的报警予以受理、侦查，收集到陈女士、刘先生与放贷方、买家等涉嫌共谋诈骗的证据，再经过检察机关批捕、起诉等程序，法院最后判定陈女士、老禾、刘先生等人构成诈骗犯罪，则艾阿姨就可以判决书为依据，证明房屋买卖合同无效，从而追回被骗房产。

三是提起民事诉讼。艾阿姨的房子被转让后，可以到律师事务所、公证处、法律援助中心等法律服务机构咨询求助，在专业人员的帮助下，依据《民法典》等法律法规的规定，以民间借贷、不当得利、融资纠纷等理由起诉上述诈骗嫌疑人，最大程度地挽回损失。

【说法】

防范房子被“偷”，老年人要提高警惕。

针对老年人群体被骗案例多发的状况，建议广大老年朋友增强风险意识，特别是在签订抵押贷款合同、处分本人所有的房产时应审慎行使民事权利，做到以下几点。

一是将防骗“关口”前移，日常生活中勿轻信高额投资回报的蛊惑，克制“天上掉馅饼”的贪便宜心理。遇事应多与家人、子女协商，必要时咨询专业人士，经多方论证后再谨慎做出投资理财的决定。

二是正确分析投资理财的后果，重视签字的效力，认真阅读合同或协议文本，充分、清晰地理解条款内容，准确预判不能到期还款的法律后果，万万不可草率落笔。

三是要有风险意识，特别是在决策环节，如果投资公司要求老年人用一套房屋做抵押贷款投资，却不办理符合法律规定的抵押登记，而是要求办理委托代理售房的公证，那么就一定要提高警惕。

四是及时维权。老年人陷入“以房养老”等骗局后，要沉稳应对，灵活运用协商调解、行政、诉讼等途径合理主张诉求，避免受骗后因一时冲动而造成其他损失。

那么，何谓“以房养老”？

真正的“以房养老”，主要是指住房反向抵押贷款，是指老年人把拥有完全产权的房屋抵押给保险公司，终身按月领取一定数额的保险给付金，并终身继续行使其对该房屋的占有、使用、收益和经抵押权人同意的处置权。待老人身故后，法定继承人若偿还全部给付金本息即可解除房产抵押，重新获得房屋全部权益；否则由保险公司按市场价格将房产拍卖、处置所得优先偿付保险给付金及利息，多余资金包括房屋增值权益都归老人的法定继承人。

以“疗效”为噱头的保健品骗术

近年来，层出不穷的骗子们精准抓住了老年人“身体要健康，生活有保障”的心愿，频频向老人伸出了黑手。

几年前，王大爷从一本不知何处寄来的杂志上，看到一款治疗前列腺疾病的广告。两年中，通过货到付款的形式，王大爷花了四万多元买保健品，但却没有任何疗效。“想要退款，先交8%的手续费。”“想要退款，要补办发票。”“想要退款，不如凑个整数五万。”电话那头，先是李科长，接着是黄厂长，轮番上阵，又以货到付款的形式，让王大爷买了一万多元的保健品。这些钱都是以货到付款的形式付出的，属于正常的商品买卖，而王大爷又没有电话录音，很难抓住对方的漏洞。

事后，街坊邻里问王大爷：“这件事儿，你儿女知道吗?”王大爷面露难色：“他们不知道，他们不喜欢我买保健品，我不敢和他们说。”不想、不敢和儿女说，这就让老人失去了一道重要的防线。有的老人怕麻烦儿女，有的怕被儿女埋怨，而有的则不愿让儿女知道自己的财务状况，复杂又微妙的心理，事前不愿与儿女沟通——给骗子打开了方便之门。

【说法】

老年人渴望健康长寿、安享晚年，但一部分老年人却追不上飞奔的时代，容易成为骗子的“猎物”。他们愿意相信他人，却不愿和儿女沟通，被骗后耿耿于怀，郁郁终老；他们寄希望于法律，期盼钱财失而复得，却不得不面对官司难打、钱难要的局面。防患于未然，把钱攥在自己手里，这比被骗后维权要好得多。

“义诊”里的猫腻多

一年前，张某伙同黄某、王某等人冒充某国家机关人才交流中心的工作人员，以听课、治病并发放礼物为诱饵，将多名老年人接至某酒店内，冒充专家为老年人进行“健康讲座”和义诊，并赠送各种礼品。在老年人放松警惕后，他们开始利用提前获取的信息为老人义诊并向老人高价兜售每盒单价 2330 元的袋泡茶，谎称该袋泡茶是中药，可以治病，治不好退款。多数老年人信以为真，购买袋泡茶，受骗金额少则几千元，多则上万元。

半年前，检察机关指控被告人张某、黄某、王某犯诈骗罪，并向法院提起公诉。经审理，张某、黄某、王某均如实供述了上述犯罪事实，称高价销售的袋泡茶并没有治病效果，里面只有些大枣之类的食物，没有药用功能，仅比喝热水强一点儿。法院审理后认为，被告人张某、黄某、王某虚构身份和事实，骗取他人财物，数额较大，其行为已构成诈骗罪。最后，法院以诈骗罪分别判处张某、黄某、王某有期徒刑二年二个月、一年六个月和十个月，并处罚金。

【说法】

一些不法商家和个人以“健康讲座”为名，先对老年人以免费听讲座并赠送各种礼品进行诱惑，在老年人得到实惠并放松警惕后，安排所谓的“专家”先讲课后看病。这些“专家”往往夸大病症，利用老年人身体的某些不适连哄带骗，诱导老年人花巨款购买一些作用不大甚至没有作用的保健品，给老年人的身心和财产造成损害。在此，提醒老年人要保持警惕，身体不适时应选择到正规的医疗机构进行诊治，千万不要相信所谓的“专家”，以及价格高昂的各类保健品。

被诊断出的“重病”

钱老伯应邀参加某生物有限公司组织的老人茶话会。活动中，钱老伯被自称是国家级老中医的“医生”诊断出患有肾中毒、肝上火等症状，“医生”告诫他需及时治疗，否则后果不堪设想。

钱老伯被检查结果吓坏了，“医生”趁机推荐保健品——某品牌“熊胆汁”，称服用后既养生又具有保肝护肝、利胆溶石的作用。在对方的游说下，钱老伯花了74580元买了五盒。

回家后，钱老伯怀疑产品的功效，便打电话要求退货，遭对方拒绝。经消费者协会工作人员的努力，最终商家同意全额退回钱老伯的74580元货款。

【说法】

当前，一些无良商家搬出的所谓“国家级医学专家”，其实是企业的销售人员，只是穿着“白大褂”装扮医生而已，并无相应的合法行医资质。老年人切忌听信他们的谎言而花大价钱购买其推销的保健品。

生产、销售假药的犯罪现象时有发生，究其原因是存在买方市场。假药市场的广泛性、持续性，归根到底是基于人们患病后求医的急迫性和对所谓专家秘方的盲目性。在此提醒广大老年朋友，看病治疗还是选择正规的医疗机构，购买药品应当通过正规渠道，不要盲目听信别人夸大甚至虚假的宣传。一定要仔细查看产品包装和说明书，认准上面的药品批准文号，否则不仅达不到想要的治疗效果，还可能会对身体造成损害。若无法确认购买的保健食品是否合法或者看到的广告是否真实，可登录国家药品监督管理局官方网站查询，如发现非法产品或虚假宣传，应及时向相关部门举报。

免费旅游的陷阱

胡阿婆年过八旬，平日非常注重养生，与一家老年保健品店的销售员小杨成了“忘年交”。年底，小杨称公司答谢客户，将组织客户去无锡旅游，包吃包住包玩。胡阿婆约了同小区的黄阿姨一起前往。等到了无锡，参加者们都被安排在一间小旅馆内住宿。第二天，她们被带到一家五星级酒店参加“答谢会”，会上五六名老年人现身说法，称该公司新研发的保健品“包治百病”。胡阿婆花两万元购买了新产品，黄阿姨也购买了四五万元的产品。

无独有偶，某旅行社推出针对老年人的特惠“一元港澳游”旅游项目，张女士心动并报名。她跟随旅行团到达香港后，导游只敷衍地带团参观了几个景点，大部分时间都在逛购物店，老年人不买东西还会被导游斥责。张女士在纺织品购物店购买了两套四件套、一对乳胶枕、三件蚕丝被，总金额 28400 元。回来后，张女士发现所购产品是“三无”产品，沟通无果后，她起诉商家要求退款。经过调解，张女士最终接受了商家退还的部分货款。

【说法】

部分旅行社常用“零团费”或“低价团”等广告来吸引消费者，防范意识弱的老年人往往成为其“首选对象”。而这种旅游服务陷阱最多，往往会通过让老人购买保健品或安排较多的自费项目达到敛财的目的。如遭遇此类情况，除可以及时向相关部门投诉外，也可依据《中华人民共和国旅游法》第三十五条规定：“旅行社不得以不合理的低价组织旅游活动，诱骗旅游者，并通过安排购物或者另行付费旅游项目获取回扣等不正当利益。”通过诉讼挽回损失。

假链接，老人信息被“偷”

互联网时代，在商家的让利带给消费者实惠的同时，窥觑已久的骗子们也伺机而动。对于“虚假”招数，需要慧眼识别。

近日，秦奶奶收到微信好友发来的网页链接，显示“发给您一个助力礼包！赶紧来戳吧！”的字样。秦奶奶随即点击进入，页面跳转后要求填写个人信息资料并转发好友群即可以获取红包。完成这一系列的操作后，秦奶奶并没有收到任何红包，她询问点击链接的其他好友，也得到了同样的答案，更令人担忧的是，好几个朋友的个人资料已被不法分子套取！

【说法】

每遇元旦、春节等节日，相信大家的微信里经常会收到“现金礼包”“助力红包”一类的优惠券、打折券页面链接。这时，老年朋友们一定要切记，谨慎点击类似链接，特别是遇到要求用户输入个人信息或者绑定银行账号的情况，更要三思而后行。如果不慎点击，造成个人账户被盗和信息泄露，应第一时间关闭手机网络，修改网银、支付宝等重要账户密码，并通过安全软件查杀木马病毒，必要时可报警。

货到付款的“假快递”，签收前先验货

去年年终，刘大妈连续网购了十多件年货，没几天就收到了两个快递到货的电话。领取时，快递员表示其中一个是货到付款，在“快递小哥”的催促下，刘大妈直接掏钱签收了快递。等回家拆开包裹后，老人发现里面竟是一堆毫无用处的废纸。随即她拨打快递员和发件人的电话，却一直联系不上。查询快递单号后，她发现寄件地址和发出地址不一致，这才意识到自己遭遇了货到付款的快递诈骗。

【说法】

近年来，伴随网购诈骗陷阱而来的，是让人防不胜防的新型快递诈骗。虚假快递诈骗主要有两种，一种是“假快递员”，直接欺骗受害者的到付钱款；另一种则是诈骗分子获取消费者个人信息后，利用一些快递公司的漏洞，寄送一些廉价商品让快递公司代收货款。要防止遭遇这类诈骗，老年人务必对到付包裹谨慎签收和付款，在拿不准的情况下可直接拒收；如果到付件并非自己网购商品或者是完全陌生的包裹，要注意查看寄件人的地址或拨打电话核

实，并当场打开包裹检验。如果发现疑似存在数额较大的“诈骗”行为，老年人应当及时报警。

32元商品被刷3200元？购物小票要留好！

王师傅是一位退休工人。一天，王师傅不经意间翻起了上一个月的银行信用卡对账单，突然被一行数字吓了一跳：有一笔3200元的交易。对于王师傅来说，这几乎是一个月的退休金。账单上显示收款方是惠民百货超市。王师傅仔细回忆着每一个购物细节——上个月，他到这家超市只买了一瓶32元的百年迎驾酒，为何银行卡账单会显示消费了3200元？第二天，王师傅到超市去询问。然而超市的朱老板却说，按照超市的付款程序，顾客刷卡时必须签字，确认付款金额，这个消费你是签了字的，就等于你认可这件事情了。他认为，自己已经做到了提醒义务，王师傅也签字确认了，所以这笔消费没有问题，有凭有据。

对于朱老板的说法，王师傅无法接受，他提出要调看超市的监控录像。然而令人诧异的是，其他时间段的监控录像都正常，唯独王师傅买酒的这段画面竟离奇中断。王师傅选择了报警。民警到来后，第一时间调看了监控录像，但电脑上显示的画面，确实让人心生疑窦。在索要退款无果的情况下，王师傅将超市朱老板起诉到法院。

法庭上，王师傅认为，他只买了32元的酒，被告却刷了他3200元，要求被告返还多收取的3168元。并且在刷卡签单的时候，他并没有看金额，自己完全是凭耳力听到32元的数额才签字的。王师傅提交了由残疾人联合会核发的残疾人证，证明他确实是四级视力残疾，而签字单的字极小，即便他看了也的确看不清楚。

被告朱老板认为，既然王师傅签了字，那就不能不认，他认为原告是想讹这笔钱，被告还提供了原告消费3200元并且有他本人签字的一份单子。被告说，原告就是消费了3200元，并且进行了签字确认，就说明具有法律效力了。原告消费的3200元货物中包括几条苏烟，还有一些酒，当时消费的是3198元，还差两元，又搭了两块口香糖，凑了一个整数3200元，被告说自己记得清清楚楚。

双方的矛盾焦点非常集中，就是王师傅到底消费没消费3200元。

法官问原告："你购买酒后，被告店里的工作人员有没有把电脑打出的购物小票给你？"

"没有。"王师傅说。

"被告的店里没有电脑小票还是没有给你？"法官问。

王师傅说："他没有给我。他就是POS机上的那个小票，当时打出来好多小票，他没有给我，我也没有要。"

由于原告无法提供消费小票，法官只能要求被告超市一方提供当天消费的打印小票，或流水账单，证明原告当时究竟消费了什么东西。

而令人意想不到的是，法官的这个要求，当时就遭到了朱老板的拒绝。朱老板说，他没有这个账目，也没有流水，从来不记账，也从来不计算利润。法官认为，通常情况下是有账目、有流水，会计算利润的。被告不提供这个账目确实不太合常理。

为了查明案情，验证被告所说，法院庭下在被告不知情的情况下安排一名工作人员到被告经营的超市进行了消费，消费金额为12.8元，结账时，朱老板对工作人员购买的商品进行了扫码，并在法院工作人员的要求下提供了购物小票。通过这次消费体验，法官发现被告的电脑里是有留存记录的，被告不计算利润的说法是不成立的。

合议庭讨论后认为，原告提供了他能提供的所有的证据，而被告方呢，既无法说明3200元究竟是怎么组成的，也不能提供监控、账目、流水、消费小票，根据证据举证不足由被告承担不利的法律后果，通俗地说就是被告应尽的责任他没有尽到，所以综合本案情况，法院支持了原告的诉讼请求。

法院一审判决，被告朱老板于本判决生效之日起十日内返还原告王师傅不当得利款3168元。谁知，几天后案件再起波澜，一审宣判后，被告不服，上诉到中级人民法院。而让人意外的是，在二审当中，朱老板提出王师傅所消费的3200元的商品构成竟与一审中提出的消费明细截然不同，朱老板说王师傅买了五粮液、中华烟。二审开庭后，被告找了个律师，开庭时又说王师傅买了金六福酒。对于超市朱老板一审和二审说法的不同，当法官质证时，朱老板依旧拿不出任何证据来佐证他的说法。之后，中级人民法院作出终审判决，驳回上诉，维持原判。

【说法】

本案虽小，但贴近百姓生活，有较大的普法意义。在日常生活中，刷卡消费成了司空见惯的消费方式，但刷卡签字时没有仔细核对数额就签字，消费后随手将购物小票丢弃的人不在少数，这样的习惯给日后的维权造成隐患。刷卡消费时请您一定要擦亮眼睛、核对金额，向商家索要购物小票并保存。

必须远离的"非法集资"养老骗局

如今，我国的养老服务业实现了跨越式发展，但仍有一些不法分子触犯法律权威，瞄准了老年人的血汗钱。

"叔叔、阿姨，您来看下我们最新的上海周边游项目，三天两夜，包吃包住，只要 368 元，这是我们养老敬老的一项专业旅游，只针对老年人，所以很便宜。您看您天天在公园来回逛，也腻烦了吧，倒不如来我们这儿的旅游项目，既能开眼界，还能锻炼身体。台州、天台、江苏如皋，等等。咱上海周边也都是景色很不错的地方呢……如果您不想出上海，我们还有咱上海本地的一日游。"A 公司（代称）业务员小张在公园外一边发传单，一边宣传着。

逛完公园准备回家的赵叔叔和林阿姨，被这份旅游计划深深地吸引了。两位老人本身就爱旅游，一看这么划算的旅游费用，不免心生欢喜。三天后，赵叔叔和林阿姨踏上了上海周边游的旅程，同行的还有二十多位老人，以及导游和 A 公司随行的八名工作人员。一天的游山玩水之后，这些老年人便也再无防备之心了。

旅途的第二天，A 公司的工作人员便开始向老人们宣讲"候鸟式养老"的理念，并号称这是投资了五亿元的项目，来引导老人们购买"养老床位"，吸引他们投资，并承诺每个月返利。一个养老床位十万元，在空置期每年也会有 10%的高额利息，这可远远高出银行利率和一般的投资理财。如果投资 20 万元以上，年利率还可以提升到 15%以上，即每月可拿到 2500 元的利息，还承诺只要购买养老床位，不论走到哪里，只要是有 A 公司养老床位的地方都可以随时入住。老人们心想，这个投资既有返息，还能到各地入住，很划算啊。销售人员看到还有部分老人半信半疑，便提议回上海后带他们实地考察一番。这些老人们来到养老中心，销售人员一路暖心、微笑的服务，让老人们感觉这里还不错。再加上销售人员说马上就要涨价了，诱使老人们纷纷下单。

八旬的马先生退休后回到上海，不想给子女添麻烦，他就花了20万元在A公司投资了两个床位，以便生活不能自理后住进去。喜欢旅游的林阿姨和婆婆一起投了47万元。杨阿姨因为家庭内部矛盾，躲到养老院住了三年，也投资了20万元。还有赵先生，他瞒着子女将名下的一套房子卖掉，竟在A公司投资了210万元。在刚开始的几个月里，老人们还能每月按时拿到利息，但后来A公司就开始拖延了，再往后不光利息，就连旅游甚至本金都没有了。老人们开始慌了，他们找到A公司的工作人员问其究竟，这些工作人员也都答不出所以然来。

事实上，这项号称投资五亿元的项目，只投资了200万元，A公司拥有的养老院、景区、农庄、酒店等项目都是租的，有的仅仅是挂一块招牌而已。该项目有1940人被骗，参与的老人大都是六七十岁，其中不乏有年过八旬、九旬和残疾老人。有的老人付出了一生的积蓄，事发后也不敢告诉家人、子女。甚至有的老人说："到现在床位没了，钱也回不来了，墓地也买不了了，所以很悲惨的。"一句"墓地也买不了了"真是使闻者落泪。

正所谓羊毛出在羊身上，而这幕后黑手正是A公司宣传短片中介绍的该项目负责人陈某。当时，陈某在被警方取保候审后，向所有人隐瞒了这一情况，他继续指示业务员吸收老人们的存款。投资的老人，还有业务员都被蒙在鼓里，有的员工甚至被公司洗脑，抵押了自己的房产，为公司垫钱投资300万元。而陈某得来的钱除了支付利息外，其余钱全都被其挥霍一空。这个项目的盈利模式像极了“庞氏骗局”，即吸引你投资项目，承诺每个月返利，利用新投资人的钱向之前的投资者支付利息和短期回报，以制造赚钱的假象进而骗取更多的投资，模式一旦破裂后便会资不抵债、崩盘。事实上，A 公司宣传的所谓“养老”“大爱”只是噱头，陈某真正的目的就是圈钱。A 公司崩盘后，涉案人员均被警方控制，受到应有的法律制裁。

【说法】

非法集资是未经有关部门依法批准，承诺在一定期限内给出资人还本付息，以合法形式掩盖其非法集资的实质。养老领域涉嫌非法集资的违法行为，主要有以下四种“套路”。

套路一：以提供“养老服务”名义吸收资金。个别机构明显超过床位供给能力或者承诺还本付息能力，但仍以办理“贵宾卡”“会员卡”“预付卡”等名义，向会员收取高额会员费非法吸收公众资金。

套路二：以投资“养老项目”名义吸收资金。个别机构打着投资、加盟、入股养生养老基地、老年公寓等项目名义，承诺高额回报，非法吸收公众资金。

套路三：以销售“养老公寓”名义吸收资金。个别机构以销售虚构的养老公寓、养老山庄等名义，或者以返本销售、售后返租、约定回购等方式销售养老公寓、养老山庄，非法吸收公众资金。

套路四：以销售“老年产品”等名义吸收资金。个别机构不以销售商品为主要目的，以免费旅游、赠送实物、养生讲座等欺骗、诱导投资人，采取商品回购、寄存代售、消费返利等方式非法吸收公众资金。

因此老年人应端正心态，避免高利诱惑，遇事多和家人商量，多向有关部门咨询，不要盲目做决定。

在银行买理财≠委托银行理财

张女士有一笔存款，本想存个定期，但在某银行遇见了在该银行工作的邻居小王。交谈中，小王便向张女士推荐了一款理财产品，并强调该产品系限量发行、保本保息、收益高、安全可靠。张女士一再询问是否为该银行的理财产品，小王则信誓旦旦地表示是银行的产品，签约也在银行签，款项也是通过该银行的账户支付，绝对有保障。基于和小王的熟识以及小王的保证，加上合同确实是在银行的接待室签订，张女士放心地把全部存款投入了该理财产品，她没有看合同中的内容就签下了自己的名字。签完合同，小王送给张女士一套青花瓷的茶具，张女士非常开心地带着茶具和合同回家了。

次年，张女士因需用钱到银行想把款项取出，却突然发现根本无法取出该款项。银行柜台人员告知她这款理财产品不是银行发行的产品，想要赎回，需要联系理财公司。张女士赶忙联系小王，小王立即帮她联系理财公司，却被告知今年的赎回期已经过了，下次何时赎回需要等通知。张女士几次和理财公司及银行沟通均未果，便以委托理财合同纠纷的案由，将银行及小王诉至法院，要求银行返还本金及利息，小王承担连带责任。但合同的相对方系理财公司，而非银行；小王也只是推荐而不是替张女士理财，故而法院驳回了她的诉讼请求。

【说法】

银行由于资本雄厚，老百姓对其有天然的信任感，因此对于“银行工作人员”推荐的理财产品，也相对更加信任。因此老年人在银行购买个别理财产品时，往往不会仔细查看合同的内容，仅听“银行工作人员”的介绍便进行购买，为日后的纠纷埋下了隐患。

世界上哪有“稳赚不赔”的投资？

近年来，作为民间融资的创新方式P2P、众筹等新型互联网金融业态以其灵活性、便捷性、普惠性广受关注。但由于投资公司资质良莠不齐，纠纷案件呈大幅增长态势。由于涉案合同大多约定了较高的投资回报率，受到普通个人投资者的追捧，其中以金融知识匮乏、风险防范意识薄弱的老年人为最，此类人群较难识别合同性质与高回报背后的潜在风险。

不久前，法院来了一位颤颤巍巍的起诉人。九旬的丁老伯秉持“人不理财，财不理你”的理念，在如此高龄卷入了委托理财的漩涡。说起自己此次的纠纷，丁老伯悔恨不已。他偶然与一家投资公司的员工认识了，该员工向丁老伯介绍了一个位于浙江的养老投资项目。“他说国家现在都在扶持养老项目，所以这个项目稳赚不赔。”丁老伯说，该公司给予他的年利率为12%，远高于银行利率。被这个养老项目的美好前景所迷惑，丁老伯不疑有他，将自己20万元积蓄都投入其中，双方约定，在半年后将全部本金及利息返还。谁知，仅仅拿了两个月的正常利息后，丁老伯的投资就没了回报。

为此，丁老伯拖着年迈的身体一次次和该投资公司交涉，可是直到约定的投资期到期，丁老伯的钱还是没有踪影。丁老伯只得将投资公司告上了法庭。经法院调解，该公司表示愿意通过分期付款的形式，将丁老伯的20万元返还。签下调解协议书后，丁老伯依旧不放心。“虽然现在对方答应还钱，但分了几期，我真不知道对方是不是每期都能还。”丁老伯感到既懊恼又无奈。

在相关融资类纠纷中，丁老伯的遭遇其实并不少见。年近八旬的刘老伯夫妇如今拿着那张胜诉的判决书依旧愁眉不展，因为他们不知道该怎么去找到三名被告，要回自己的投资款。

去年，刘老伯夫妇也被人鼓动，一头扎进了投资理财的圈子。通过某投资理财公司，他们向另一家机械公司投资出借七万元。“当时有理财平台公司作为中介，还有第三家科技公司作为担保，我们以为这样的投资是非常安全的，哪里晓得最后这三家公司统统跑路了。”刘老伯夫妇分别与被告机械公司签订五份《借款合同》，约定该公司向刘老伯夫妇借款七万元，期限四个月，月利率为2%，到期本息一次付清。然而，借款到期后，刘老伯夫妇没有按照合同的约定拿到本息，还发现三家公司都“人间蒸发”了。无奈之下，刘老伯只得向法院起诉这三家公司，追讨借款。最终，三个被告都未到庭应诉，法院作出了缺席审判，判决刘老伯夫妇胜诉。只是赢了官司，刘老伯的借款追讨之路还在继续中。

【说法】

翻开这些融资纠纷案件的卷宗，可以发现不少成为被告的投资管理公司，都宣称自己资金雄厚、风控严谨，但实际上，他们或虚构投资项目，或虚构债权及理财产品，虚假宣传问题凸显。出于逃避责任等原因，涉案的投资管理公司最后往往会遣散员工，主要负责人下落不明，导致案件不能送达，追讨投资款困难重重。

一波三折的“委托理财”追偿

张慧芳退休后开了一家婚姻介绍所，就是这时，她认识了前来征婚的谢亚龙。这是一个看上去很睿智的中年人，他和张慧芳说自己在做期货生意，收益很高。几次交谈下来，炒期货丰厚的利益诱惑得张慧芳心动不已，所以当谢亚龙向张慧芳是否要投资时，她马上点头答应了。谢亚龙带张慧芳去了期货市场，让她开了一个户，存入三万元。亲眼看着谢亚龙操作好了一切，张慧芳放心地回到了家里。

就在幻想着自己的钱在生钱的时候，张慧芳接到了谢亚龙的电话，电话中谢亚龙说，期货挣钱全在抢时机，而自己与张慧芳的账户是分开的，操作起来很不方便，容易错过“抢钱”的好时机，他与张慧芳商量，是不是可以将两笔钱融合到一个账户中，让张慧芳将钱取出来存入自己的银行账户中。耽误挣钱哪能行啊！张慧芳想都没想就同意了谢亚龙的请求，随后她将期货账户上的29000元取出，并存入谢亚龙的卡上，只留了1000元在自己的手里。

一年后，张慧芳却突然发现自己被骗了——因为当她再次询问谢亚龙自己投资的收益时，谢亚龙很坚决地否认了两人之间的委托理财关系，并一口咬定那29000元是张慧芳归还给他的借款。平地一声雷，震得张慧芳几乎背过气去。辛辛苦苦积攒的29000元就这么凭空消失了?！张慧芳不服气，有凭有据的，凭什么坑人？她聘请律师，以出借谢亚龙上述29000元未收回为由向法院起诉，要求归还。

在审理中，谢亚龙依然不认账。为此张慧芳向法庭提供了一份起诉前的录音资料。但录音内容涉及的是投资，没有明确的借贷内容。这样一来，她的借贷起诉就无法成立。张慧芳感觉自己告错了，遂向法院撤回了起诉。起诉借贷不成立，说委托理财谢亚龙又不认账，这笔钱到底应该定位成什么呢？思来想去，张慧芳琢磨出了一个妙计：钱反正是通过银行转到了谢亚龙的账户，他有什么理由占有钱款呢？没有理由就是不当得利，那就按照不当得利起诉谢亚龙！

张慧芳以不当得利为由再次向法院起诉。这次起诉的理由是，与谢亚龙认识后，他多次向自己表明其炒期货赚钱，还许诺自己将钱交给他可以获得极高的收益，为此自己将 29000 元存至谢亚龙的个人账户，但谢亚龙收款后既不支付收益又不归还本金，虽多次催要，但是谢亚龙一直拒绝返还这笔钱款。不料经过审理，法院判决结果却是张慧芳败诉。

为什么又败诉了？在庭审中，谢亚龙说，自己曾借给张慧芳 29000 元，因彼此关系很好而没让张慧芳打借条，案件中涉及的钱款是张慧芳归还的。同时他还说有一条手机短信可以证明张慧芳曾向他借款，法官当庭逐一查找谢亚龙所说的短信，却没有找到。谢亚龙自己查找后，在手机短信草稿箱中找到了那条短信。张慧芳对这条短信的真实性不予认可，认为这条在草稿箱中找到的信息是谢亚龙新编辑的。

法官征询张慧芳的最终意见，张慧芳决定变更其诉讼请求为：要求谢亚龙返还钱款并放弃主张利息。

中级人民法院经过审理认为，张慧芳向谢亚龙账户支付 29000 元的事实清楚，谢亚龙虽辩称该款项是借款，却不能提供相应凭证，且其提供的手机短信保存在短信草稿箱中，不能排除经过编辑的可能性，难以采信。而张慧芳支付谢亚龙 29000 元是为了委托谢亚龙理财具有高度的盖然性，故谢亚龙应将取得的 29000 元返还给张慧芳。原审将本案案由定为不当得利不妥，本案案由应为返还财产。

随后中级人民法院作出终审判决，撤销该案一审判决，改判谢亚龙于本判决生效之日起十日内将款项返还给张慧芳。

【说法】

张慧芳最终打赢了财产返还的官司，但是本没有那么曲折的路，张慧芳走得特别坎坷。这个案件告诉了老年朋友一个道理，打官司不仅仅要有证据，要打赢官司，还要有一个正确的理由。理由错了，官司很难得胜。希望中老年朋友不要轻易委托他人理财，不要将辛苦积攒的血汗钱交给不熟悉的人管理。因为钱款一旦到了别人的手里，被动的是自己。若确实要委托他人理财，事前一定要签订一份委托理财的协议，明确相互的权利和义务，以免日后产生不必要的纷争。

委托“炒股”亏盈之账怎么算？

投资风险大，委托炒股风险更大。亏损了，谁都不想承担责任；盈利了，也未必都是皆大欢喜。

“保底条款”无效，损失部分需分担

爱跳广场舞的严阿姨通过舞伴与炒股老手范先生相识。双方签

订了一份《委托理财协议》，该协议约定：严阿姨全权委托范先生炒股，对委托炒股收益，严阿姨与范先生按6∶4比例分成；如发生亏损，由范先生将亏损金额补足。半年的合同期限届满时，尽管股市呈上升势头，可因范先生“操作失误”，导致严阿姨亏损六万余元。事后，严阿姨要求范先生按合同约定，补足亏损的六万余元，范先生以“保底条款”无效为由拒绝承担责任。

本案经法院开庭审理认为，范先生既然在《委托理财协议》中享有利益分配的权利，也应当对委托炒股造成的亏损承担责任。根据双方按6∶4的比例进行利益分配的约定，对亏损金额的承担比例可酌情确定为5：5，即双方各承担50%，最终判决被告范先生赔偿严阿姨三万元。

【说法】

双方签订的《委托理财协议》虽然有效，但其中的“保底条款”因违法而无效。《中华人民共和国证券法》第一百三十五条规定：“证券公司不得对客户证券买卖的收益或者赔偿证券买卖的损失作出承诺。”该规定不仅限于券商，对一般主体亦应具有借鉴和引导作用。本案双方所签订的《委托理财协议》只约定了委托人享受盈利，不承担亏损，其风险均转嫁给受托人承受之“保底条款”因违反了法律、法规的强制性规定，违背了共负盈亏、共担风险之民法公平原则而无效。

盈利反悔无依据

黄老伯将其在证券服务部的账户资产1000万元委托谢某投资股票，并与谢某签订了《合作投资协议》。双方约定，合作期限为一年半，账户的交易决策和操作由谢某负责，若盈利，黄老伯获得盈利总额的80%，谢某获得20%；若亏损，则由谢某承担补足本金部分。协议到期后，黄老伯账户金额盈利约三百万。事后，黄老伯只给谢某20万元了事，谢某提出应给付60万元盈利酬金，黄老伯以协议“保底条款”违法无效为由，拒绝给付。

法院审理后认为，原告与被告签订的《合作投资协议》合法有效，谢某用黄某提供的账户密码依约履行了全部操作义务，并无违约行为，判决谢某可分配盈利的20%，即60万元，扣除已支付的20万元后，黄老伯还应支付谢某40万元的报酬及利息。

【说法】

本案“保底条款”因违反《证券法》与民法公平原则而不具有法律效力，但该“保底条款”无效并不必然导致整个协议无效。谢某用黄老伯提供的账户密码依约履行了全部操作义务，并无违约行为，那么当协议履行完毕后，黄老伯应当依据约定向谢某支付20%的盈利款。

编造故事“接力骗”，黄昏恋成“黄昏骗”

不久前，六十多岁的老吴拨通了一个征婚广告上的电话，没想到，本来说好的黄昏恋，却变成“黄昏骗”。

经过中介牵线，老吴与一名舞蹈老师见面。逛街时，女子说其母亲身患重病，要求一同探望。可到医院外，女子接过老吴给的2000元后，便找借口独自进入医院，让他在外等候。约半个小时后，女子走出医院，约老吴第二天再见面，暗示备好彩礼。翌日上午，女子送给老吴一件衬衫和短裤，令老吴感动不已，当即购买了一条价值1000元的连衣裙，还送给女子6000元。此时，女子突然接到一通电话，电话那头的人告诉她，其母亲已经过世，女子的情绪一下子跌入低谷，她让老吴去买一包香烟。等老吴返回时，女子已经不见踪影，手机也关了机。不到两个月，老吴先后接到五名女子的征婚电话，他每次都如约而至，每回都被骗数千元。

老吴发现情况不对后报案，公安机关将犯罪嫌疑人抓获。经查，这是一个相亲诈骗团伙，犯罪嫌疑人伙同多名女子组成婚骗群，通过报纸、网站刊登征婚广告，专门针对老年人行骗。一旦有人上钩，她们便以接力的方式诈骗其钱财。

【说法】

“接力骗”是目前老年人相亲过程中经常遇到的诈骗手段，特点是团伙作案，主要针对五十岁以上的男性。团伙成员锁定目标后便会共享被骗人的个人信息，再通过人海战术，逐一进行诈骗，而后消失不见。老人相亲往往都会急于求成。很多不法分子正是抓住老人的这一心理，刚见面就提出结婚，以表达自己的诚意。老人同意后，立即索要彩礼、首饰等借机骗取钱财。其实，无论什么形式都离不开“要钱”这个核心。

——法律小贴士——

【老人要警惕常见的几种电信诈骗】

1. 冒充社保、医保、银行、电信等部门的工作人员

犯罪嫌疑人以社保卡、医保卡、银行卡消费、扣年费、密码泄露、有线电视欠费、电话欠费为名，以自己的信息泄露、被他人利用从事犯罪，以给银行卡升级引诱受害人将资金汇入犯罪嫌疑人指定的账户。

2. 冒充公检法、邮政工作人员

犯罪嫌疑人以法院有传票、邮包内有毒品，涉嫌犯罪、洗黑钱等，以传唤、逮捕以及冻结受害人名下存款进行恐吓，以验资证明清白、提供安全账户进行验资，引诱受害人将资金汇入犯罪嫌疑人指定的账户。

3. 冒充熟人进行诈骗

犯罪嫌疑人冒充受害人的熟人或领导，在电话中让受害人猜猜他是谁，当受害人报出一熟人姓名后立即承认，谎称将来看望受害人。隔日，再打电话编造因赌博、嫖娼、吸毒等被公安机关查获，或以出车祸、生病等急需用钱为由，向受害人借钱并告知汇款账户，达到诈骗目的。

4. 利用中大奖进行诈骗

(1)预先大批量印刷精美的虚假中奖刮刮卡，通过信件邮寄或雇人投递发送；(2)通过手机短信发送；(3)通过互联网发送。受害

人一旦与犯罪嫌疑人联系兑奖，对方即以先汇“个人所得税”“公证费”“转账手续费”等理由要求受害人汇款，达到诈骗目的。

5. 利用银行卡消费进行诈骗

犯罪嫌疑人通过手机短信提醒手机用户，称该用户银行卡刚刚在××地(如××百货、××大酒店)刷卡消费××元等，如有疑问可致电××咨询，并提供电话号码转接服务。在受害人回电后，犯罪嫌疑人便会假冒银行客户服务中心或公安局的名义谎称该银行卡被复制盗用，利用受害人的恐慌心理，要求受害人到银行ATM机上进行操作，进行所谓的升级、加密操作，逐步将受害人引入“转账陷阱”，将受害人银行卡内的款项汇入犯罪嫌疑人指定的账户。

6. 虚构绑架、出车祸诈骗

犯罪嫌疑人谎称受害人亲人被绑架或出车祸，另有同伙在旁边假装受害人亲人大声呼救，要求速汇赎金，受害人因惊慌而上当受骗。

7. 利用汇款信息进行诈骗

犯罪嫌疑人以受害人的儿女、房东、债主等名义发送：“我的银行卡丢失等钱急用，请速汇款到账号××。”受害人不加甄别结果被骗。

8. QQ或微信聊天冒充好友借款诈骗

犯罪嫌疑人通过种植木马等黑客手段，盗用他人QQ或微信，事先就有意和QQ或微信使用人进行视频聊天，获取使用人的视频信息，在实施诈骗时播放事先录制的使用人视频，以获取被害人信任。分别给使用人的QQ或微信好友发送请求借款信息，进行诈骗。

9. 虚构重金求子、婚介等诈骗

犯罪嫌疑人以张贴小广告、发短信等方式发布美女富婆招亲、重金求子、婚姻介绍等虚假信息，以交公证费、面试费、介绍费、买花篮等名义，让受害人向其提供的账户汇款达到诈骗的目的。

10. 神医迷信诈骗

犯罪嫌疑人一般为外地人与本地人分饰神医、高僧、大仙儿等角色，在早市、楼宇间晨练的群体中物色独行的老年人，蒙骗受害人。称其家中有灾、近亲属有难，以种种吓人的说法摧垮受害人的心理防线，让受害人拿出钱财“消灾”或做“法事”，伺机实施诈骗。

【警惕您身边的“攻心计”】

老年人被骗是由其生理和心理及社会因素共同造成的。社会、家庭都需要反思，在这里我们仅从老年人自身进行分析。

攻心计“攻”在了哪?

【人老受欺】 生理变化是自然规律，有的老人生理衰退的同时，智能、情感、人格随之弱化，产生了自我封闭、敏感，甚至抑郁、焦虑等心理问题，防范意识大大降低。

【人善被欺】 很多老人的传统思想与日新月异的现实社会脱节。在骗局中，有的老年人心地善良、简单质朴，他们认为自己不骗人，别人也不会骗自己。警惕性不高，容易轻信别人。

【孤独求败】 孤独感会引发情绪问题，让人做出不理智的选择。老人独居或孤僻，导致信息不对称、人际沟通缺失，让骗子乘虚而入。除了物质，很多老人还贪恋那份关怀。有位节俭异常的老太太毫不犹豫地花费数千元买下价格虚高的美容卡，只因店里小姑娘的一句：“亲爱的，要不要休息一下?”老人的回答让人心酸，她哽咽着说，活了大半辈子，还没人叫过她“亲爱的”。似亲人般的嘘寒问暖、温情关怀突破了他们的情感防线。

【“贪”字惹祸】 贪小便宜也是重要的被骗诱因。一些骗子以所谓“出厂价、跳楼价”为诱饵，还施以免费礼品或“义诊”之类的小恩小惠，轻易让老年人上当受骗。

【惧怕黄昏】 老之将至，各种身体机能逐渐衰退，老人想方设法寻求各种方式延年益寿。这种脆弱的心理和美好的期盼，一旦被骗子们捕捉，再加上一通天花乱坠、夸大事实的吹嘘，老人难免被蒙蔽。

防骗宝典是什么？其实，哪有什么可以放之四海皆准的防骗宝典。但如果我说，爱的力量可以巨大到见招拆招，让骗子们无机可乘，您一定爱听。最美夕阳红，且老且珍爱。

孝敬啥都不如孝敬爱

谈到“孝”字，人们总会想到过年、过节、过生日，子女给父母买点礼物、给点钱、陪陪老人、定期带他们体检。然而这种“陪”仅是身体和物质上的满足，远不足矣。为什么很多老人不由自主地在骗局中寻找心灵的慰藉？因为骗局中有老人渴望的尊重、关怀、被需要，以及成就感。如果来自家庭以及社会的爱胜过于此，能够达成物质和精神的双赡养，那么骗局也就不攻自破了。

其实，欺骗老年人的手段并不高明，不过是糖衣炮弹、嘘寒问暖，但恰恰是这些最能让老人感觉到被在乎。子女应鼓励老人积极参与社会活动，让他们有自己的社交；应常回家看看，多与老人交流沟通。防止老人被骗，不仅仅是告诉他们不法分子的圈钱套路，更多的是要给他们多些陪伴，给他们多些安全感，对他们多些耐心，就像我们小时候他们给予我们的那样。

爱谁都不如爱自己

作为老人，人近夕阳，更应珍爱自己。年轻时忙工作、忙家庭，步入的老年阶段是可以痛痛快快享受生活的转折点。可以借鉴一下欧美国家老人的一些价值观，不为老所役、不为儿孙所役，主动调适身心、调理身体、融入社会、拥抱自然。合理规划有规律的生活，保持学习的热情，多参加健康的社交活动，培养有益身心的爱好。慢慢地，您的甄别与判断能力会俱增，非但骗局会悄然远离，您也会从学习锻炼、兴趣爱好中找到自我的价值和前进的方向，成为自信、豁达、睿智的老人，拥有一个健康、快乐、幸福的晚年。

第七篇
意外伤害

——总有些意外，猝不及防——

老年人随着年龄的增长，新陈代谢减缓，身体各项机能也随之下降，可能随时出现健康问题。因此，老年人发生意外的概率大大增加。

那么，老年人易发生哪些意外事故，受到哪些意外伤害呢？

意外伤害又涉及哪些法律问题呢？

八旬老太被狗惊吓摔伤之后

一天下午5时左右，当八旬高龄的仲老太从外面回家时，遇见邻居方女士牵着其饲养的一只大黄狗走过来。突然，方女士的大黄狗冲着仲老太大叫并拽着方女士向前跑，仲老太后退跌倒受伤。方女士将仲老太送至医院就诊，诊断为：右肱骨外髁骨折；右桡骨远端骨折。方女士垫付了仲老太就诊当日的挂号费及拍片费。其间，仲老太共花费医疗费5687.25元。后经司法鉴定，仲老太因右肱骨中下段粉碎性骨折，右肩关节活动受限，构成人体损伤十级伤残，营养期限为六十日，护理期限为九十日。

仲老太受伤事件引发了仲老太和方女士的一场讼争。事发后，经派出所调查，仲老太跌倒时，方女士的狗的状态是要往前跑，方女士牵着狗向前跑，当时有一个捡垃圾的人在场作证。后因双方对赔偿一事无法达成一致意见，仲老太就此向人民法院起诉。

法院审理查明，方女士饲养的狗未领取养狗证。关于狗的特征，仲老太和方女士的邻居表述为是一条黄色的大狗，高约五六十厘米，不过加上尾巴，身长约七八十厘米，样子很凶。法院确认本案的事实经过为：下午5时左右，仲老太沿着观音桥巷自北向南步行，快走到观音桥巷九幢前的电线杆附近时，方女士牵着其饲养的狗从观音桥巷九幢北面由东向西朝观音桥巷方向走。方女士的狗冲着仲老太大叫，并拽着方女士向前跑，仲老太后退跌倒受伤。方女士饲养的狗体型较大，且样子较凶，仲老太作为一个老人看见一只大型狗冲其大叫并有向前冲的动作，受到惊吓是其跌倒受伤的原因。因此，方女士饲养的狗对仲老太叫，以及向前跑的行为与仲老太跌倒受伤之间存在因果关系，方女士作为动物饲养人应当对仲老太的损害后果承担侵权责任。

方女士未按管理规定领取养狗证，其饲养犬类的行为本身存在过错，亦没有证据证明损害是因仲老太故意或者重大过失造成，因此不存在法定减轻责任的情形，方女士应对仲老太所受损害承担全部赔偿责任。

法院作出一审判决：方女士于判决生效后十日内赔偿仲老太31705.6元。

【说法】

方女士应当承担全部的侵权责任。根据《民法典》第一千二百四十五条规定："饲养的动物造成他人损害的，动物饲养人或者管理人应当承担侵权责任；但是，能够证明损害是因被侵权人故意或者重大过失造成的，可以不承担或者减轻责任。"本案中，方女士不能证明仲老太存在挑逗、投打动物等行为，故方女士应当承担侵权责任。

喂养流浪狗有风险，咬人须担责

在城市的大街小巷，流浪猫狗的身影随处可见。于是出现了很多爱心人士，他们定期给流浪猫狗投送食物，让它们不至于饿死。然而，由此而引发的流浪猫狗伤人事件也屡见不鲜。这样看似美好的善举，如今引起了争议。那么，究竟该不该喂养流浪猫狗呢？

被遗弃的流浪狗伤人，原主人承担责任

张先生在接女儿放学回家的路上，女儿不幸被路边窜出的一只花斑狗咬伤小腿。张先生马上送女儿去医院治疗，共花去医药费5600元。后经调查得知，这只狗原系附近小区住户孙女士饲养的，后因孙女士怀孕生子，所以把狗遗弃了。张先生找到孙女士，协商赔偿事宜。孙女士表示，其已经将该狗遗弃，拒不赔偿。无奈，张先生代理其女儿将孙女士诉至法院，要求孙女士赔偿医药5600元。

最终，法院判令孙女士赔偿张先生的女儿医药费5600元。

【说法】

根据《民法典》第一千二百四十九条规定：“遗弃、逃逸的动物在遗弃、逃逸期间造成他人损害的，由动物原饲养人或者管理人承担侵权责任。”需要注意的是，若遗弃、逃逸的动物被他人收养，则“遗弃、逃逸期间”结束，该动物致人损害的，由新的饲养人承担责任，原饲养人不承担责任。若将饲养的野生动物放还大自然，则不存在“遗弃、逃逸”的问题，如该动物致人损害的，原饲养人也不承担责任。

快递员被流浪狗咬伤，长期喂养者须担责任

快递员小王骑电动三轮车前往某小区送快递时，停在路边的一辆大货车下突然窜出一只大黄狗扑向小王，将其右腿撕咬出一个洞，流血不止。后小王被送往医院住院治疗五天。经查，撕咬小王的大黄狗是一条流浪狗，在该小区逗留时间已有半年多了，一直没有人认领，小区业主陈女士经常给其喂食，并为其在楼下单元门旁

边搭建了一个简易的狗棚。

小王找陈女士协商赔偿事宜。但陈女士称，她只是出于好意，经常喂养它，她并不是大黄狗的饲养者或管理者，不同意赔偿。于是，小王将陈女士诉至法院，请求赔偿医疗费、误工费等损失。最终，法院判决陈女士赔偿小王医疗费、误工费等共计一万余元。

【说法】

根据《民法典》第一千二百四十五条规定："饲养的动物造成他人损害的，动物饲养人或者管理人应当承担侵权责任；但是，能够证明损害是因被侵权人故意或者重大过失造成的，可以不承担或者减轻责任。"本案中，伤人的狗属于流浪狗，但因陈女士持续喂养已达数月之久，且狗亦长期在陈女士搭建的简易狗棚内停留，陈女士与伤人的狗之间已形成事实上的饲养关系，已经产生了对该狗的管理和约束责任，陈女士作为事实上的饲养人，应当承担相应的侵权责任。

需要明确的是，由喂食流浪狗的人承担侵权责任，必须满足长期喂养，并因而转化为事实上的收养关系这一条件。是否构成事实上的收养关系，需要结合具体案情来判断。但如果只是偶然、临时的喂养，则不需要承担责任。

提供免费体育场晨练，被流浪狗咬伤亦担责

吕先生在某体育中心晨练期间被流浪狗咬伤，为此共花费医疗费 2000 元。后来，吕先生向某体育中心索赔未果，起诉到法院，要求某体育中心赔偿其医疗费、交通费并支付精神损害赔偿金。某体育中心辩称，其是一个公益性事业单位，免费为前来健身的群众开

放健身场所，并在节假日安排专职人员值班，以应付突发事件，并且体育中心并没有饲养犬类等动物，不应承担赔偿责任。最终法院依据吕先生提供的证据，判令某体育中心赔偿吕先生医疗费1815.8元、交通费59元、精神损害赔偿金3000元，合计4874.8元。

【说法】

根据《民法典》第一千一百九十八条的规定："宾馆、商场、银行、车站、机场、体育场馆、娱乐场所等经营场所、公共场所的经营者、管理者或者群众性活动的组织者，未尽到安全保障义务，造成他人损害的，应当承担侵权责任。"本案中，吕先生在某体育中心所管理的场所内被狗咬伤。事发地点体育场系面向公众开放的群众性体育场地，某体育中心作为该场所的管理者，应当负有保障场地使用者人身安全的保障义务，即便该体育场所并不具有经济利益，但不能据此免除该项义务。

医疗氧气瓶压伤老人，责任谁来承担？

年近八旬的周老伯因心脏病、糖尿病复发住进某区医院。住院一周病情明显好转，一天上午9时许，周老伯借着去前楼检查的空档，前往三楼看望在内科病房住院的老友张阿姨。经过二楼楼梯处时，正赶上医院组织集中安装新购置的病房服务医疗设备。

工作人员将一个待用的大氧气瓶放在一楼和二楼之间的楼梯过道处。当周老伯打算迈过横在过道的氧气瓶时，因过道处人多，前面的一位行人不小心碰到氧气瓶，滚动的氧气瓶重重地滚压在周老伯的右脚前脚趾上，老人疼得当即跌倒在地，保安及其他医护人员将周老伯搀扶到外科。经检查确诊，周老伯右脚三个脚趾全部骨折，其中两个脚趾粉碎性骨折。老人转到市医院的当天进行了手术，住院51天，共进行了包括右足清创、骨折脱位复位内固定术等两次手术，仅医疗费就花了17400余元。

出院后，根据医嘱，周老伯在家休养了五个月，病情稳定后，周老伯及其儿子认为，老人是在区医院住院期间受到的伤害，医院在安装设备时未能注意到患者及他人的安全，导致老人被氧气瓶压伤，医院应承担全额损害赔偿责任。

医院则认为，一方面，周老伯系高龄老人，按医院惯例，允许其家属陪护照顾，而事发时周老伯擅自去其他病房，且没有任何监护人陪护，是老人自己注意不够、监护人监护失职所至，对此应承担主要责任；另一方面，氧气瓶是被他人碰到引发滚动压伤老人，属于第三人过错侵权行为，应由第三人承担相应的次要过错损害赔偿责任，而医院本身无过错，不应承担责任。

协商未果，周老伯儿子以监护人的身份代老人提起诉讼，请求法院判令医院承担全额损害赔偿责任。

法院受理后的举证期间，医院提供事发现场的监控录像显示，事发时，走在周老伯前面的一位年轻人踩在氧气瓶上，导致其滚动压在周老伯前脚面上。但未能查找到该“肇事者”。

法庭经审理后认为，被告医院一方安装新医疗设备，对放置的氧气瓶等器具物品负有安全保障义务，原告周老伯到被告处就诊期间，被施工用的氧气瓶压伤，被告未能提供证据证明其在楼梯过道处的氧气瓶放置安全、坚固，不会对他人造成侵害，因此，依照《民法典》第一千二百五十三条之规定，被告某区医院应当对原告的伤情承担侵权责任。原告周老伯作为高龄老人，本来行动就不便，又未有监护人陪护，对其安全健康负有注意不到之过错，亦应承担相应的过错责任。关于被告医院一方提出的，是第三人踩在氧气瓶上，使氧气瓶滚动导致原告受到伤害的问题，因被告未能有效提供第三人，其第三人是否有责任无法确定，法院对被告此项请求不予支持。

最终，法院根据本案实际情况，判决原、被告双方各应承担50%的赔偿责任，法院认定原告周老伯的医疗费、护理费、交通费等各项损失总额为24812.9元，医方按50%责任应赔偿原告周老伯12406.45元。

【说法】

本案即非医疗技术方面的事故、也非治病方面的过错所引发的事故，而是患者在医院活动时因物件损害所至。对于(包括患者在医疗期间遭遇)物件损害的赔偿责任认定，我国法律有明确的规定。《民法典》第一千二百五十三条规定："建筑物、构筑物或者其他设施及其搁置物、悬挂物发生脱落、坠落造成他人损害，所有人、管理人或者使用人不能证明自己没有过错的，应当承担侵权责任。所有人、管理人或者使用人赔偿后，有其他责任人的，有权向其他责任人追偿。"上述法律规定表明，物件损害赔偿适用的是过错责任原则，即有过错则承担赔偿责任，无过错则可以免责。

而是否存在过错，其举证责任由谁来承担呢？根据《民法典》第一千二百五十三条的规定，可见，我国法律对物件损害的举证责任实施责任倒置，即由物件所有人或者管理人对其所管理的物件不存在过错承担举证责任，受害人只需提供受侵害的事实，无须承担对方是否存在过错的举证证明。本案医院一方虽然强调其安装新设备施工时，正常放置使用氧气瓶，并无不当与过错，但却无法举出具体证据加以证明，且该氧气瓶放于楼梯过道处，又未加以固定，本身就存在一定的安全隐患。因此，人民法院判决医院一方承担相应的过错损害赔偿责任体现了公平原则。

此外，值得注意的是：若本案医院一方的施工安装工程系由第三方实施，即医方是将该工程承包或者交由第三方承揽的，那么，第三方应对整个施工过程中的安全保障义务负责。医院一方完全可以在诉讼中请求人民法院追加第三方为共同被告，或者在承担赔偿责任后，依据承包或承揽关系，向第三方追偿。

老人抢购鸡蛋摔倒身亡，商场被判赔偿

一天上午 8 时，位于江苏省宿迁市 A 公司(代称)经营的某商场的超市内组织鸡蛋等商品低价促销活动，年逾七旬的老人常某参加了该促销活动。由于购物的人多，促销商品“僧多粥少”，常某为了能够买到促销商品，在与其他顾客一起穿过人群跑向鸡蛋销售摊位时不慎向前摔倒，致左额外伤出血、鼻孔出血。常某受伤后由救护车送至医院进行抢救，后经抢救无效于当日死亡。常某妻子及子女因此支出医疗费 881.25 元，而常某死亡的原因医院未查。

常某的妻子及子女遂诉至法院，以 A 公司在组织促销活动时，无工作人员维持秩序导致现场拥挤，且促销场所地面湿滑，又未设置提示标志，未尽到安全保障义务，致常某受伤后死亡为由，要求 A 公司赔偿医疗费等合计 352858.67 元。

人民法院一审认为，常某在 A 公司经营的商场内购物时不慎摔倒，经抢救无效死亡。但常某妻子及子女并无证据证明商场内地面湿滑，促销现场也并不存在拥挤现象，促销现场也有 A 公司的工作

人员，故常某妻子及子女主张A公司未尽安全保障义务不能成立。常某死亡的原因也未得医学上的确认，故对常某妻子及子女要求A公司承担赔偿责任的请求不予支持。法院一审判决驳回了常某妻子及子女的诉讼请求。

一审判决宣判后，常某妻子及子女不服，向中级人民法院提起上诉。

中级人民法院经审理认为，本案中，A公司在组织本次促销活动中存在以下未尽到安全保障义务的情况：

首先，A公司当天组织的促销活动中的促销商品数量有限，而在一楼入口处排队的人员较多，商场工作人员将发放号牌的地点设置在二楼商场最里端，消费者需要经过较长的一段距离才能到达商场内的号牌发放处，从而引发消费者争相奔跑。而商场内布满货架、摊位，通道也比较狭窄，极易发生拥挤、滑倒等危险。

其次，绝大部分参与当天促销活动的消费者年龄都较大，超市工作人员将一层入口处大门打开后，任由消费者在货架中间过道内快速跑动，商场内亦无工作人员进行现场引导，常某在跑动中摔倒受伤，后经抢救无效死亡。A公司作为大型商场的经营者及促销活动的组织者，在知道绝大部分消费者年龄较大情况下应当将促销地点设置在便捷且无安全隐患的地方，以避免危险的发生。

最后，A公司设置在超市内的监控存有盲区，导致不能确定常某摔倒的原因，对此，A公司作为超市的经营者应当承担举证不能的不利后果。综上，应当认定A公司在组织商品促销活动中未完全尽到安全保障义务，对常某的损害后果应当承担侵权责任。但是，常某作为具有完全民事行为能力的成年人，应该意识到自己当时的年龄已经超过七十岁，身体状况不适宜进行快速跑动，其在奔跑过程中不慎摔倒，其自身存在主要过错。综合A公司及常某双方所存在的过错，确定由A公司对常某死亡导致的损失承担30%的责任。

中级人民法院判决如下：撤销本案一审民事判决；改判A公司于本判决生效后十日内赔偿常某妻子及子女因常某死亡产生的死亡赔偿金等损失计99097元。原审案件受理费2164元，减半收取1082元，二审案件受理费2164元，合计3242元，上诉人常某妻子及子女承担1000元，被上诉人A公司负担2242元。

【说法】

安全保障义务是指经营者在基于经营活动而负有责任的领域内，有采取必要的防范措施以保护消费者人身和财产权益免受损害的义务。商场作为经营者，为了吸引顾客而组织低价促销活动，应对促销活动合理组织安排，并对现场秩序加以维护引导。消费者以商场未尽到上述安全保障义务、导致消费者人身权利受到损害，要求商场承担相应赔偿责任的，人民法院予以支持。

老年人也是有完全民事行为能力的成年人，应对自己的身体状况有认知。但是，作为促销活动的组织者，也应有工作人员维持秩序，做好安全保障，防止因为拥挤、争抢、踩踏等原因发生意外。老人摔伤，组织者是否担责，应综合认定，如果能够证明老人受伤或者发病，是因为活动组织得不合理不科学导致的，活动组织者就应承担相应的责任。该案提醒有关商家，不能仅为了追求商业利润，而忽视自身对消费者应承担的安全保障义务。同时也提醒老年人，要以自身安全为重，远离存在人身安全隐患的低价促销活动。

老人被撞伤半年后身亡，应如何赔偿？

一天傍晚，家住市郊的近八旬的陈老伯如往常一样沿小区外的小街散步。在横穿自行车道时，被 16 岁刘某（未成年人）的变速自行车刮倒摔伤。随后，陈老伯被送往医院住院治疗。经诊断为左股骨粉碎性骨折，两次治疗共花费医疗费 16300 余元。因事发时人们都忙于救助受伤的老人，直到事后的第二天上午，陈老伯的女儿才报警。因无相关证据确认现场事故情况，警方未能出具事故责任认定书。但刘某及父母对陈老伯为刘某所撞受伤一事予以承认。

半年后，陈老伯于家中去世。事后，陈老伯的家属找到刘某父母，要求承担包括死亡赔偿金在内的损害赔偿。双方协商未果，陈老伯家属起诉至人民法院，请求判令被告刘某赔偿包括死亡赔偿金在内的各项损失 94500 余元。

法庭审理过程中，原告陈老伯的家属诉称，事发时，刘某骑变速车时未注意观察行人，且行车速度过快，将被害人撞倒在地。被害人被撞伤后，两次住院治疗，在相当长的时间内不能正常生活，更不能进行散步等健身活动，加上病痛的折磨，老人的精神状态、情绪一直不好，其死亡与被撞伤存在一定的因果关系。因此，刘某不仅应对被害人的腿伤承担主要赔偿责任，并且对被害人的死亡也应承担相应的赔偿责任。

被告刘某一方则辩称，事发时，并没有证据证明刘某骑自行车速度过快；是陈老伯违章横穿自行车道，且未注意观察，自己应承担主要责任；陈老伯在事故发生半年后死亡，与被撞无关，更没有相关鉴定来认定二者之间存在因果关系。

法庭在充分听取双方当事人的意见后审理认为，本案双方均对陈老伯系被告刘某所撞受伤一事予以承认，刘某对陈老伯受伤的后果存在一定的过错；陈老伯作为高龄老人，且患有多年糖尿病，其外出散步时，子女未能尽到监护义务，导致其在横过自行车道时被撞伤同样存在一定的过错，故原、被告均应承担相应的责任。据此酌定被告刘某与原告各承担50%的责任。关于陈老伯死亡后果与此次被撞伤之间是否存在因果关系的问题：陈老伯被撞伤后骨折虽然并非导致其死亡的主要原因，但综合考量陈老伯被撞后身体与精神状态的每况愈下，且其无法进行正常生活活动，本院酌定陈老伯被撞伤在其死亡结果中占有20%的原因力，遂判决被告按50%的责任赔偿陈老伯的医疗费等治疗损失；按20%的责任赔偿因陈老伯死亡而造成的经济损失。两项合计3.6万元。

【说法】

本案中，既然刘某及其父母对陈老伯为刘某所撞受伤一事予以承认，便应承担损害赔偿责任，但依据《民法典》第一千一百七十三条规定："被侵权人对同一损害的发生或者扩大有过错的，可以减轻侵权人的责任。"陈老伯作为高龄老人，外出散步时其子女未能尽到监护义务，加上老人自己横穿自行车道时观察不够，应承担相应的过错责任，人民法院据此酌定被告刘某与原告各承担50%的责任，体现了公平原则。

人身损害的后续医疗费该不该赔偿?

去年，农民石大伯乘坐某客运公司的一辆中巴车外出办事。途中，中巴车司机操作失误不慎翻入路边沟内，造成乘车人石大伯受伤。公安交警部门作出的认定显示：客运公司负本次事故的全部责任。

受伤后，石大伯住院治疗六十天，客运公司支付了医疗费等全部费用。当年6月和10月，石大伯因“外伤后应急障碍”症状，又先后两次住院治疗，治疗期间共花去医疗费、陪护费等三万余元，客运公司又全额支付了这两次的费用。今年初，石大伯的身体再次出现症状反应并住院治疗。其间，他到司法鉴定机构进行了伤情鉴定，结论为十级伤残。之后，老人多次找到客运公司，要求其支付后续治疗费用，但均遭拒绝。

无奈之下，石大伯诉至法庭，要求判令客运公司赔偿误工费、后续医疗费、伤残赔偿金、精神抚慰金等共计12.9万元。

法院审理认为，根据原、被告提供的证据和相关法律规定，原告发生的治疗费等费用与事故存在因果关系，因此被告应继续承担后续医疗费的赔偿责任，并承担适当的精神抚慰金赔偿责任。据此，法院判决被告赔偿原告医疗费、残疾赔偿金等费用共计11.2万元。

【说法】

这是一起道路交通事故人身损害赔偿纠纷，涉及责任人赔偿责任标准、如何确定后续治疗是否必要及费用承担、因人身损害导致的精神损害赔偿几个方面的问题。

首先，经过治疗，如果残疾程度有所减轻，则这种后续治疗就是必要和必需的，经过治疗，残疾程度继续扩大或者没有任何效果，那么这种后续治疗就是不必要的。

其次，赔偿责任应本着以恢复受害人的身体健康为目的，在一个治疗期间终了后，受害人后续康复恢复期内发生的必要费用仍然可以要求赔偿。

最后，由于本次事故造成原告脑震荡，并遗有外伤性癫痫，构成十级伤残，留有终身疾患，须长期服用药物控制，这样势必给石大伯本人和其家属的精神造成一定的伤害和痛苦，其心灵创伤是客观存在的。因此，客运公司应赔偿适当的精神抚慰金，以抚慰原告及家人的心灵创伤，是符合上述规定的。

老人雪天摔伤，物业赔不赔？

年初下了场大雪，66 岁的老李骑自行车到超市买东西。由于刚下过雪，小区的路面有些结冰，尽管老李很小心，但是骑着骑着他还是摔倒了。这一摔，造成老李脑出血，住院十四天。老李认为自己摔伤是物业公司没有及时清除积雪造成的，因此他要求物业公司赔偿医疗费，然而物业公司拒绝了他的要求。老李将物业公司告上了法庭。

物业公司认为自己没有过错，理由是公司已经注意到冬季雪天，人们有滑倒摔伤的危险，所以物业公司两次在小区的楼道、信息栏张贴了《冬季雪天防滑小窍门》的提示函，其中均提到“老年人雨雪天气出行时要特别谨慎，一定注意安全”。物业公司还说，当时已经清理了小区的积雪，并悬挂“雪天路滑，小心慢行”的条幅，同时也在明显位置摆放“小心地滑”的标识。物业公司还称，老李年近七十岁，不应骑自行车出行，所以老李摔伤应该自负责任。

法院认为，在小区里的物业公司作为管理人未尽到安全保障义务，造成他人损害应当承担侵权责任，同时被侵权人也有过错，遂判决物业公司承担30%的责任，赔付老李医疗费和护理费共计四千多元。

【说法】

这是一起业主起诉物业公司违反安全保障义务责任纠纷的案件。本案中，老李系完全民事行为人，在下雪后出行的过程中应当具备谨慎注意的义务，他在小区内摔伤，应当承担主要民事责任。物业公司是小区的管理者，应当为业主尽到安全保障义务，而该物业公司提出的《冬季雪天防滑小窍门》及照片等不能证明其已尽到了安全保障义务，应当承担次要民事责任。

购物小票随手扔，食物中毒索赔难

不久前，王阿姨在小区旁边的超市里购买了一棵白菜，付款后她随手把购物小票扔到了超市门口的地上。午饭后，王阿姨全家几口人突然出现了恶心、口吐白沫等不同程度的不适症状。经医院诊断后发现，王阿姨的家人系食物中毒。王阿姨思来想去后觉得，食物中毒的罪魁祸首应当就是从超市买来的那棵白菜。

事后，王阿姨找到了超市，要求赔偿医疗费用，谁知由于王阿姨没能提供购物小票，且超市里早已找不到王阿姨购买的那一批白菜的踪影，因此超市对王阿姨的说法始终矢口否认。没办法，王阿姨一家只得自行承担了近千元的医疗费用。

【说法】

王阿姨到超市买菜，与超市之间就形成了一种买卖合同关系，而证明双方之间形成买卖合同关系的关键证据就是超市打印给王阿姨的购物小票。王阿姨想要追究超市的产品质量损害赔偿责任，首先就必须证明她在该超市购买了白菜。而王阿姨没能提供购物小票这个强有力的证据，从而无法证明自己确实在该超市购买了白菜，因此，“随手扔”的后果最终只能由王阿姨自己买单。

24 小时看护的老人蹊跷身亡，谁之责？

八十多岁的刘老太太右髋关节一直不舒服，疼了一年多才去医院。医生诊断为右髋周软组织慢性损伤、双髋关节重度骨性关节炎等。住院当天，刘老太太的子女就在医院给母亲请了一个 24 小时护工，并与护工所属的公司签订了合同。

治疗了几天，疼痛有所好转，医生表示再过两天就可以出院了。可所有人都没想到，就在出院的前一天，意外发生了。事发时正值凌晨，刘老太太的护工自称在老人身边睡觉，突然听到响声，醒来一看，发现刘老太太已经呈“头朝下，脚在床上”的状态，头部未着地，在床边悬着。护工赶紧叫来医生救治。医生检查发现，刘老太太左眼眶周围及额颞部肿胀、淤血，四肢活动受限，无意识，大小便失禁，诊断为颈脊髓中央型损伤，且高位截瘫。两个半月后，刘老太太终因心率衰竭而死亡。老人的子女们说，母亲来医院前，身体和精神状况都不错，还能忙里忙外做饭呢，就来治个关节病，谁想却在医院里丢了性命。更让他们难以接受的是，老人居然在请了24小时护工看护的情况下坠床。协商无果后，老人的子女起诉医院和提供护工服务的公司，向他们索赔医疗费、死亡赔偿金、精神抚慰金等共计约四十万元。

护工公司表示，护工睡觉之前已经将床挡摇起，而刘老太太坠床时，床挡被她自己摇下来了。也就是说，刘老太太是在没有叫护工的情况下，自己起床发生的意外。公司拿出当初和家属签订的护工协议说，刘老太太入院时是神志清醒的，协议里面明确约定，患者神志清醒时发生的坠床、跌倒等各种意外，由患者承担完全责任。患者不听护工劝阻或陪护期间不叫护工陪同，私自进行起居活动引发的意外事故，乙方免除责任。

事发时，没有其他证人或监控录像能还原真相。老人到底是未叫护工自行下床，还是护工疏于护理导致老人坠床？医院的记载又是从何而来，如何得出的呢？对于这份病历，法院并没有采信。法院认为，患者坠床前是否呼叫陪护人员这一关键事实明显不属于医院专业诊疗认定范畴，医院对此事实认定并无特殊的专业认定权限。而且医院作为被告一方的当事人，没有合理解释自己如何作出老人没叫护工而坠床的记录，也没有相应的证据。

事实上，老人坠床到死亡的这段时间，并没有患者本人、其陪护人员或其他事发在场的人员关于事发细节陈述的记载。因此，法院认为，根据现有证据无法查清患者坠床前是否呼叫陪护人员，也无法确认在患者坠床前其陪护人员在合理的范围内审慎看护患者。

这就意味着，老人坠床的真相成了不解之谜。在这种情况下，护工公司还要不要承担责任？家属要求医院和护工公司赔偿，该如何证明自己的主张？

法院认为，家属与护工公司签订有偿护理协议，约定由护理人员对患者进行24小时专人生活护理，因此护工公司对患者住院期间的日常生活安全负有相应的保障义务。护工公司无法证明自己尽到了义务，就要承担举证不力的后果。

对于医院是否担责，法院认为结合患者坠床时间、护工公司提供的护理内容及性质等因素，现有证据不足以证明医院在患者坠床受伤直至最终死亡的过程中存在过错，因此医院不承担侵权责任。

最终，法院酌定护工公司对患者坠床后的医疗费等合理损失承担80%的赔偿责任，对患者死亡后果承担20%的赔偿责任，赔偿总额约九万元。

【说法】

如今老人住院，家属请护工陪护的情况很普遍，但如今护理行业还存在很多不完善的地方。比如，护理行业合同意识比较差，有的没有合同，有的即使有合同，其内容也非常“粗糙”，基本上就是声明性的条款，行业也缺乏统一而具体的服务标准。针对不同人群，失能的、神志清楚的，护理到什么程度？24小时护理的界定，是一个人连轴转，还是两三个人换班？护理人员吃饭、上厕所怎么算？护理合同应该越细越好，把老人的身体状况也写进合同，根据不同的护理对象和护理等级，把双方的权利义务都写清楚，也可以降低风险。护理机构可根据患者所需护理的陈述和身体状况的病历记载等，把护理服务分级，对应不同的价格，让家属根据需要自己选择。同时患者和家属也要注意，付费聘请了护工，获得相应的护理服务是天经地义的，患者和家属别有“怕麻烦别人”的心理，如果请了护工却不用，发生意外，自己倒成了过错方。

保姆突然病亡，雇主被推上法庭

吴从洲夫妇经营着一家小工厂，父母均已年迈，由于平时没时间照料二老，于是通过中介，请来五十多岁的邓阿姨成为父母的保姆，吃、住都在吴家。一天，来吴家不到五个月的邓阿姨在卫生间干活时，突然意识不清并剧烈呕吐，吴从洲的父母发现后，急忙送其至医院就诊。经 CT 扫描，发现邓阿姨颅内出血。随后，虽经全力救治，但邓阿姨的病情仍迅速恶化，其家属要求自动出院。出院两天后，邓阿姨死亡。据病历记载，邓阿姨患有高血压和动脉瘤等疾病，但平时未服药治疗。

邓阿姨的丈夫认为，妻子是在吴家工作期间死亡的，遂以自己及两名子女的名义，将吴从洲夫妇告上了法庭。

吴从洲夫妇则称，邓阿姨在家中做保姆时隐瞒了自己患有严重高血压及动脉瘤的病情，加之她平时未服药治疗，这才导致其发病死亡。

法院最终审理认为：邓阿姨及吴从洲夫妇对该损害后果均无过错。不过，吴从洲夫妇系邓阿姨提供劳务活动的接受方及受益方，吴从洲夫妇可对邓阿姨家属给予一定的经济补偿。法院责令吴从洲夫妇给予三名原告三万元经济补偿。

【说法】

雇主在聘请保姆时，最好先带保姆去做个健康检查。为保姆体检既是对保姆负责，也是对雇主自己及家人负责，非常必要。

老人骨折，养老院是否担责？

八十岁高龄的赵老伯患有脑梗死后遗症、脑萎缩、高血压、冠心病、糖尿病、前列腺增生、耳聋、语言欠缺、低钾血症等多种疾病。去年，赵老伯从医院办理出院手续后直接转入养老院休养，其女儿赵甜甜与养老院签订《入住养老机构协议书》，协议约定护理等级为“介Ⅱ”级，签订合同时赵甜甜一次性支付了3000元备用金。

因系高龄多病老人，应养老院要求，赵甜甜在《风险告知书》上签字确认。赵老伯入住期间，其妻子及女儿赵甜甜经常来看望赵老伯，并由赵甜甜陪伴其进行康复训练。

赵老伯入住养老院半年后的一天，赵甜甜在陪父亲康复训练时发现父亲右腿肿胀，怀疑赵老伯脑血栓复发，与养老院协商后由养老院医生开具了处方药并予以治疗。半个月后，赵老伯被家人送进医院住院治疗，其住院病历显示：患者主因“右下肢肿胀一周，发热一天”入院。入院诊断为：……股骨颈骨折(右侧)。

事后，赵老伯家属认为，老人骨折是在养老院发生的，养老院应承担损害赔偿责任。养老院则认为，赵老伯的骨折与养老院无任何关系。协商未果，赵老伯的妻子张女士(法定监护人)以养老服务合同违约责任为案由，诉至法院，要求养老院赔偿其医疗费、护理费等十万余元。

法院受理后，养老院提出鉴定申请，即对养老院履行养护行为与赵老伯右腿股骨颈骨折是否存在因果关系予以鉴定。法院先后委托两家鉴定机构，均因无法作出鉴定结论而不予受理。经法院咨询相关医学专家，意见为：骨折成因较为复杂，但肯定是病人在活动中造成的，不能确定必然为摔伤，有可能为受力不均所致。

法院审理认为，关于被告的违约责任问题，双方均不能陈述及提供证据，证实原告骨折发生的具体时间和产生原因。骨折产生的因素较为复杂，经过鉴定仍不能确定，在不能确定骨折产生具体原因的情况下，鉴于原告家属在被告履行服务合同当中也参与了陪护，并经常陪同原告进行康复训练，不能排除在训练中因原告左侧身体偏瘫加大其右侧肢体的受力，从而导致原告肢体受损情形的发生；原告年逾八十高龄，入院前即患有多种疾病，原告存在主诉不利、偏瘫、脑萎缩等病症，其自身体质对骨折的产生、及时发现以及骨折的治疗和恢复产生一定的影响；另考虑养老机构的收费相应较低，存在一定的公益救助性质，对于原告的经济损失应本着公平原则合理分担。

综合分析，被告违约的程度相对较低，法院酌情认定以被告承担 30% 为宜。法院在确认原告赵老伯的各项经济损失共计 102786.72 元后，遂判决养老院按 30%责任赔偿原告赵老伯的各项经济损害 30836.02 元。

【说法】

根据有关法律规定，消费者在接受服务时，其合法权益受到损害的，有权向服务者要求赔偿。赵老伯的骨折是发生在被告负责的护养期间，养老院对赵老伯具有审慎及安全保证义务。养老院的护理人员和医生并未严格按照合同的约定履行合同义务，对赵老伯骨折的产生及病情的变化未能及时掌控，以致在知晓老人的病情发生变化时，养老院的医生未能依据其具有的专业知识及现有的医疗设备对原告的发病部位进行检查和采取有效的治疗措施，而是听任原告家属的自行判断，以致延误了病情，扩大了损失，应承担相应的违约责任。

——法律小贴士——

【老人常见意外及注意事项】

老人身体的功能随着年龄的增长而衰退，跌倒、哽噎等都是老人常见的意外。除了外在的因素，老人更应格外留意自己的身体状况，避免意外的发生。老人常见意外及注意事项如下。

跌倒

老人跌倒会导致伤残、失能，严重时甚至会导致猝死。因此处理老人跌倒时，应将其就地置于平卧位，观察生命体征和神志，询问老人目前的自我感觉，做出正确判断，并立即拨打急救电话。在不清楚老人伤情的情况下，切勿立即将老人扶起或随意搬动，防止加重伤情。

眩晕

老人在体位转换，如起床、蹲下或从座位上起身时，动作应缓慢，预防由于直立性低血压造成的眩晕跌倒。避免或慎重服用有后遗症的药物，如一定要服用，则当自觉身体不适时，应立即卧床休息，避免在用药后外出活动。

哽噎

老人如少量进食时发生轻度的哽噎，应立即适量饮水，可使症状缓解。否则可按压上腹部使胃内压力上升，促使食物逆行，或身边的人指导老人置于弯腰体位，用叩背法，迫使食团排出。紧急的情况下，身边的人可以握拳放于哽噎者的剑突(心脏区的胸壁前下端有一剑突软骨，起保护心脏的作用)下，向膈肌方向用力冲击上腹部，让气管内产生强气流，让哽噎者将阻塞气道的异物咳出，切记此种方法对患有冠心病的病人和高龄老人禁用。

因此，老年人进食时一般应采用坐位或半卧位，卧床的老人应抬高床头30度到45度，进食后应坐或半坐30分钟以上，预防食物反流。流质与固体食物要分开食用，水分多的流质饮食容易引起呛咳和误吸，因此吞咽困难的老人应选择半流食，如蛋羹、稠粥、菜泥、酸牛奶等，同时注意食物要冷热适宜、色香美味，以促进其食欲，引起吞咽反射。

误吸

误吸是指老人进食(或非进食)时，在吞咽过程中，有液体或固体食物(包括分泌物和血液)进入气管，严重时会导致老人剧烈呛咳、肺部感染、气道梗阻、急性呼吸衰竭、窒息，甚至死亡。

发生误吸时，应立即停止进食，必要时拨打急救电话。身边的人要指导老人置于头低位，用拍背和刺激咳嗽的方法，协助老人排出异物。一旦发生严重的误吸或哽噎，应就地抢救，迅速清除老人咽部的异物，疏通呼吸道。以上方法无效时，参与急救的医生应尽快采取用喉镜或用纤维支气管镜取异物，必要时进行气管切开，以保持老人呼吸道通畅，维持正常的呼吸功能。

坠床

瘫痪、意识不清或翻身幅度过大的老人，应加设床栏以防其坠床。尤其是偏瘫的老人，有时会采取半坐位或坐位的，一定要安床栏，并有专人看护。对于躁动的老人，应适当使用保护带，其松紧应适宜，以免损伤皮肤。老人使用的床垫应软硬度适中，避免床垫过于松软造成老人翻身不便，增加坠床的风险。

居住环境

要尽量去除老人身边的危险因素，营造安全的居住环境。室内不应有台阶和门槛；地面要采用防滑的材料，地毯要平整，不能松弛或卷起；地面随时保持干燥无水迹、无杂物，老人应避免在刚打过蜡或用水拖过的地面上走动；浴室和楼梯、走廊过道应安装扶手；床和椅子的高度要合适；室内光线要柔和明亮，注意光线明暗过渡处可能存在潜在的危险。

随身物品

老人上下轮椅时应锁定轮子；穿着的鞋子要合脚，鞋底要防滑；行动不便的老人应配备适宜的助步器，并放置在固定的位置便于取用，如有损坏则及时更换；视力不佳的老人应随身配备老花镜。

第八篇
权利维护

——维权靠大家，保障你我他——

老年人有从国家和社会获得帮助的权利，实现老年人老有所养、老有所医、老有所为、老有所学、老有所乐。

我们要增强社会尊老敬老的意识，继承和弘扬尊老爱老的中华传统美德，创新时代敬老风尚，让社会更加和谐。

养花老人的邻里官司

老郑平日里就喜欢摆弄些花花草草，一为怡情养性，二为打发时间。去年退休后，老郑决定大干一番。经过几天在花草市场的探访，他相中了一种水草，既外形漂亮，又容易伺候。于是，他花大价钱购买了水族箱、底砂等，开始打造自家的水中“小森林”。

在老郑的悉心打理与栽培下，他家的水草长得郁郁葱葱，异常繁茂。为此，老郑很有成就感，他觉得繁茂葱郁的水草给自己的生活平添了许多生气与希望。但不承想，他的这项颇为“雅致”的兴趣爱好，却招来了隔壁邻居老夏的不满。

原来，老郑栽种水草后不久，老夏家与老郑家相邻的西南角的墙面陆续出现了不少霉点，而且面积在不断扩大。“城门失火，殃及池鱼”，很快，老夏家紧靠着该面墙体的橱柜、天花板、地板等也相继被水渍侵蚀、损坏。经多次实地勘察，老夏终于揪出了“元凶”，他认为是因老郑长期在房屋内养殖水草，导致室内积聚了大量水气，而这些水气渗透进两间房屋的共用墙壁，导致自家的墙体、家具霉变、损坏。

于是，老夏找老郑沟通，希望他不要再种植水草，但老郑认为，墙体受潮与养殖水草无关。双方争执不下，多年的邻居就此交恶，遇到一点点小磕碰就恶语相向。随着墙面潮湿发霉越来越严重，失望和气愤的老夏最终将十几年的老邻居告上了法院，要求老郑恢复其房屋的居住性质和功能，并赔偿自己地板、墙面、橱柜的修复费合计 9900 元。

法庭上，老郑承认自己的确在室内种植了水草，老夏家房屋的西南角地板和墙体也确实受潮。但他认为，受潮的原因和楼层、季节、建材质量及使用年限均有关系，不是自己种植水草造成的。仅同意恢复自家的居住性质和功能，不再种植水草，但不同意赔偿老夏修复费。

由于双方就房屋潮湿的原因争执不下，老夏依法申请专业机构对墙体发霉原因进行检测。检测结论显示，老夏家部分房间装修受潮损坏主要系相邻的老郑家潮气长期渗入所致，同时老夏家自己的淋浴房防水措施不到位，对房间受潮也有影响。

法院经审理认为，老郑同意恢复其房屋的居住性质和功能，与法不悖，应予准许。专业机构出具的司法鉴定意见书，具备事实和理论基础，予以认定。关于老夏要求赔偿修复费的主张，因老夏未提供足够确切的具有司法依据的修复证据，最终法院根据司法鉴定意见书的鉴定意见，并综合考虑老夏家房屋装修使用年限及折旧等因素，酌情确定赔偿金额为5000元。

【说法】

在这起诉讼中，老夏家的墙体受潮可以通过肉眼观察即可确定，但受潮原因是内在的，仅凭视觉无法探究其真正原因的。《最高人民法院关于适用〈中华人民共和国民事诉讼法〉的解释》第九十条规定："当事人对自己提出的诉讼请求所依据的事实或者反驳对方诉讼请求所依据的事实，应当提供证据加以证明，但法律另有规定的除外。在作出判决前，当事人未能提供证据或者证据不足以证明其事实主张的，由负有举证证明责任的当事人承担不利的后果。"因此，老夏主张墙体受潮系老郑养殖水草引发的，老夏就有责任提供证据加以证明，在双方对受潮原因争执不下的情况下，老夏依法申请具有专业资质的鉴定机构进行检测，并出具鉴定意见，基本查明了受潮的原因及各方的责任情况，法院依此作出的判决符合客观实际。

在现实生活中，很多人都有自己的兴趣爱好，培养和保持健康的生活情趣无可厚非，但不能无底线，即不能给相邻方造成妨碍。如果因自己的兴趣爱好造成房屋居住条件的改变，给相邻方生活造成困扰，就应当排除妨碍、恢复原状，对由此给相邻方带来的损失进行赔偿。

意定监护，我的余生我做主

我国一直有“养儿防老”的传统观念，但在现实生活中，有的老人一生没有子女，或因特殊原因也没有其他近亲属，他们的晚年生活谁来照顾？在他们突遇意外、疾病，或因治疗、手术而需要人照料时，谁替他们做主？如今，“意定监护”已经逐渐走进人们的生活。

什么是意定监护

年逾七旬的刘老伯中年丧妻，前几天因身体不适住院期间，他的四个子女却因为治疗和陪护意见不一致而产生矛盾。老人心里既着急又无奈，更担心自己将来意识不清时，子女会因类似的问题再起纷争。趁着自己现在还壮实，刘老伯和小儿子商量，想让他来做自己失能时的“主心骨”。经向律师咨询，他指定小儿子作为自己的监护人，并签订了书面意定监护协议书。

【说法】

我国现行的监护制度包括了法定监护、指定监护和意定监护。《民法典》第三十三条规定："具有完全民事行为能力的成年人，可以与其近亲属、其他愿意担任监护人的个人或者组织事先协商，以书面形式确定自己的监护人，在自己丧失或者部分丧失民事行为能力时，由该监护人履行监护职责。"意定监护也叫委托监护，具体而言，是指被监护人在具有完全行为能力时，根据自己的意愿确定监护人，并与之签订书面协议，赋予监护人在自己丧失或部分丧失民事行为能力时，对自己的人身、财产和其他合法权利进行照顾和管理，代理自己行使民事行为的法律制度。目前设定意定监护的人群以老年人居多，他们大多希望自己丧失或者部分丧失民事行为能力时能够有所养、有所依。

除此之外，意定监护还能满足现代社会多元化的需求，适用于以下人群：精神及遗传病患者、丁克家庭、再婚家庭、婚姻危机家庭、单身人群、同居伴侣、多元性别群体等。

老人可自主确定意定监护人

王大伯的老伴儿早年去世，唯一的女儿也在国外工作，王大伯平时的生活大多依靠邻里帮忙照应。去年，王大伯不幸得病，快要手术时，邻居李阿姨闻讯赶到医院，替他签字并履行了办理出入院手续、陪护等一系列属于监护人的职责。原来早在一年前，因担心自己发生意外，王大伯便与李阿姨协商一致，委托后者担任他的意定监护人，在必要时履行意定监护人的责任。

【说法】

现实中，签署意定监护协议不需要法定监护人(如父母、子女等)同意，意定监护协议的适用优先于法定监护。

意定监护成立应具备三个条件：1. 监护人和被监护人都是完全民事行为能力人；2. 双方以真实、独立的意思表达进行协商，不受任何组织和外人干预；3. 协议以书面形式签订。

协议签订后，在被监护人丧失或部分丧失民事行为能力时，意定监护协议发生效力。监护人的职责可具体分为五个方面：1. 被监护人失智失能时安排其生活；2. 被监护人生病时为其选择医院、确定医疗救治方案并签字；3. 保管被监护人财产，根据其需求合理处分；4. 如果被监护人死亡，处理善后事宜；5. 维护被监护人权益的其他事项。

需要明确的是，意定监护人并非一定是遗产继承人，二者可能重合也可能不重合。

被监护人权益遭受侵害怎么办

夏奶奶和丈夫因一生未育，年轻时收养了一个儿子。后来，老伴儿和养子相继去世，留在身边的只有一个孙女。两年前，夏奶奶和孙女商定，将其名下的自有住房一套过户给孙女，自己的生老病死全部由孙女负责。谁料房子过户后，孙女对老人的态度却彻底变了。在老人生病时，是弟弟一家给予了她无微不至的照顾。经历了这场疾病，夏奶奶最终决定让自己的弟弟和侄儿媳妇(老人弟弟的儿媳)作为自己的监护人，并到公证处办理了意定监护协议公证。

【说法】

如果被监护人自己有一定的能力可以独立处理一定事务时，此类事务应由被监护人自主处理，监护人不得干涉。也就是说，意定监护更多的是义务，而不是权利，履行监护义务是在当事人自愿的基础上进行的。

那么，发生意定监护人侵害被监护人权益时，有无救济措施呢？对此《民法典》第三十六条规定，如果监护人“严重损害被监护人身心健康”“怠于履行监护职责，或者无法履行监护职责且拒绝将监护职责部分或者全部委托给他人，导致被监护人处于危困状态”时，个人或组织可以向法院申请撤销监护人的监护资格。这里的有关个人、组织包括：“其他依法具有监护资格的人，居民委员会、村民委员会、学校、医疗机构、妇女联合会、残疾人联合会、未成年人保护组织、依法设立的老年人组织、民政部门等。”另外，如果是经过公证的意定监护，目前一些公证机构会要求监护人每三个月或者半年，定期提交监护报告和有关财产处理的清单，由公证机构来进行监护监督。

签订意定监护协议又有哪些注意事项呢？

1. 合理选定监护人。选择意定监护人要多角度考虑监护人的监护能力、爱心、责任心等。比如，要选择比自己更加健康、年轻的人，确保其具有足够的监护能力；选择自己了解的人，确保其是出于善意愿意成为监护人；选择在自己身边、方便照顾的人，确保在履行监护责任时不存在太多的客观障碍。除此之外，还需要根据个人的特殊情况具体考虑，因此，建议在签订协议前咨询专业人士，确定适合自己的方案。

2. 以书面方式尽量全面细致的约定相关权利义务，明确意定监护事项、监护职责、监护条件实现的确认方式，是否有监护报酬及支付方式、争议解决等方面的内容。同时，清楚记录个人情况、重大疾病等信息。除此之外，建议当事人尽可能采用公证方式，这也是目前国内的主流做法。

3. 在签订意定监护协议时，应当设定监督人或第二监护人，定期或不定期对监护情况予以考察。如果发生被监护人权益受损的情况，监督人可以及时通过法律途径予以制止，保障被监护人的合法权益。

做房东，不能只收租金百事不管

现今，不少老年人家里有套空置的房屋用于出租，一来让闲置的资产发挥效益；二来有活钱补贴家用，可谓两全其美。但是，您切莫以为房子出租之后，只要定期收收租金就可以了。做房东、收房租，不能高枕无忧，还得多花一分心思，经常与房客沟通联系，定期去实地查看。这样，对自己、对房客，乃至对邻居都有好处。

服装店变身牛肉面馆

去年，经签订书面租赁合同，老胡将自己的一套底层沿街房出租给陈先生使用。两人在租赁合同中约定：租期一年，沿街面前房间作为店铺使用，后房间及其余部位作为居住使用；陈先生在租赁期间不得改变房屋的用途，不得以任何形式转租、转让或交换其中任何部分。

第二年中旬，老胡路过出租屋时，不禁吓了一跳：当初陈先生承诺租房是自己用来开服装店的，但眼前的分明是一家装修一新的牛肉面馆。老胡立即找陈先生交涉，但陈先生所留的两个手机号码，一个关机一个停机。老胡找面馆老板交涉，对方则不予理会。老胡向法院起诉，提出两项诉讼请求：一、解除与陈先生的房屋租赁合同；二、面馆经营者马先生立即腾清并搬离涉案房屋。

然而此时房客陈先生已经消失得无影无踪，没有丝毫音讯。法院只能以公告送达的方式通知陈先生到庭应诉。所幸经营面馆的马先生出庭应诉。马先生告诉法官，他是以13万元的价格从陈先生手里转租过来的，而且征得了老胡的同意，现在连投入的本金都没有挣回来，怎么可能说搬就搬呢？马先生要求继续向老胡支付租金，不同意马上搬离。

法庭最终的判决为：解除老胡与陈先生之间的房屋租赁合同；马先生应在判决生效后十日内腾清并搬离。

【说法】

被告陈先生违反合同约定，擅自将房屋转租给马先生，严重违约，老胡有权根据合同约定解除租赁合同。被告马先生提出以13万元租用房屋并经老胡同意，对此，马先生并未提供相应证据予以证明。因此，老胡的两项诉讼请求均合法有据，法庭予以支持。

吊灯坠落伤及女房客

老邹将一套三室两厅的住房租给邵女士一家居住使用，双方签订了为期一年的房屋租赁合同。然而有一天，老邹接到邵女士的电话，邵女士称客厅里的吊灯突然坠落，邵女士左手手掌和手臂被破碎的灯罩玻璃溅起划伤。老邹闻讯赶到出租房查看情况、探视邵女士伤情并支付了医疗费5096元。随后，邵女士向法院起诉，要求老邹赔偿其余医疗费5036元，并赔偿精神损害抚慰金5000元。

老邹告诉法官，当初借房子给邵女士时，屋内设施情况都得到邵女士的认可。事情发生后自己马上就去查看情况、探视伤情并赔付了相关费用。再说，好端端的吊灯怎么会突然掉下来呢？应该与原告的不当使用有关，因此不同意原告的诉讼请求。

法庭审理后作出判决：老邹应赔偿邵女士的医疗费5036元；驳回邵女士其余诉讼请求。

【说法】

原告邵女士受伤是被告老邹提供的出租房内的附属设施造成的。老邹对此虽有不同意见，但没有举证证明邵女士存在不当或不合理使用相关设施的情形，因此，老邹对邵女士的受伤应当承担全部赔偿责任。由于邵女士的伤情不属于严重后果，因此，法庭对邵女士要求赔偿精神损害抚慰金5000元的诉讼请求不予支持。

出租房失火殃及邻居

近期，沈先生夫妇被邻居吴先生一家告到了法院。吴先生在诉状中称，他与沈先生是邻居，他家住401室，沈先生家住402室。一天早上，402室房屋发生火灾，火势蔓延到401室，造成401室房屋阳台、门窗、地板等不同程度受损。吴先生要求沈先生赔偿各项损失共计22700余元。

法庭上，沈先生首先表示愿意承担经济损失，但沈先生提出两点不同意见：第一，各项损失金额必须经过专业机构的鉴定；第二，402室实际上由房客居住使用，根据火灾事故认定，无法排除电器线路故障引发火灾，因此，此次火灾极有可能是房客的过错造成的，真正的责任人应该是房客。

法院根据案件实际情况作出判决：被告沈先生夫妇应赔付原告吴先生家门窗损失费、墙面整修费等共计 17293 元，其余诉讼请求不予支持。

【说法】

由于导致火灾发生的原因存疑，本案是按照相邻关系纠纷来处理的。402 室房屋发生火灾给 401 室房屋造成了损失，被告应当赔偿原告相应的损失。被告如有证据证明存在实际导致火灾发生的责任人，可另案予以主张。

买到过期食品，老人如何索赔？

3 月 17 日，老阎到 A 公司旗下的一个超市购买了四瓶“青梅精丹”，每瓶售价 285 元，老阎共付款 1140 元。“青梅精丹”外包装上所贴的中文标签注明“净含量：45g；生产日期：标注于包装上；保质期：5 年”。而在商品外包装上，则以英文标注了保质期至当年的 3 月 16 日。

“3 月 16 日就到保质期的东西，怎么 17 日还在货架上？”老阎认为，超市应对销售过期食品承担责任。因沟通未果，老阎一纸诉状将 A 公司告上法庭，要求 A 公司退还购物款 1140 元，并赔偿十倍购物款共计 11400 元。一审支持了老阎的诉讼请求，A 公司不服，提出上诉。

“阎某没有证据证明其在诉讼中提供的四瓶‘青梅精丹’就是当时在超市所购买的四瓶。”A 公司进一步提出，“阎某将超市库存的‘青梅精丹’全部买光，再进行诉讼，实际上是‘知假买假’，不属于普通消费者正常、善意的消费行为，其诉讼请求不应得到支持。”

法院二审认为，阎某为证明其与 A 公司之间买卖关系的成立，提供了收银条、商品实物等证据，且其中载明的商品名称、数量等信息相互对应，按照日常生活经验和逻辑推理，应当认定阎某的确在 A 公司旗下超市购买了四瓶过期的“青梅精丹”。

A 公司虽提出可能是阎某从他处购买“青梅精丹”并与 A 公司销售的产品进行替换的情况，但并未提供证据予以佐证。因此，其上述主张仅处于怀疑的状态，法院对该主张难以采信。阎某购买的食品过期无法食用，合同目的不能得到实现，因此其有权要求解除合同，A 公司应退还购物款 1140 元。A 公司作为旗下超市的企业法人，明知是过期食品仍上架销售，按照《中华人民共和国食品安全法》的规定，应向阎某支付十倍价款的赔偿金。据此，二审判决认定 A 公司应退还阎某 1140 元，并赔偿阎某 11400 元。

【说法】

“知假买假”并不影响对消费者权利的认定，具体可从三方面进行理解和把握：首先，从消费者的定义看，消费者是相对生产者、销售者而言的，任何人只要购买商品的目的不是为了将其再次转手，不是为了专门从事商品交易活动，就应当被认定为消费者；其次，从规范市场秩序的角度看，即使是“知假买假”的消费者，仍具有消费者主体资格，对于打击无良商家、净化市场环境具有积极意义；最后，从依法维权的角度看，如果“知假买假”、职业打假人以打假之名行敲诈之实，则当然不能保护，相反，若其行为触犯了法律，还应依法进行制裁。

保质期内食品变质怎么办？

老宋平时没事喜欢在超市里转悠，选购称心的商品。然而这一次，老宋却拿着在超市购买的散装香菇来到法院提起诉讼，称自己手里的香菇已经霉变，而超市明知售出的食品不符合安全标准却依然继续出售，要求超市退还自己买香菇的购物款 656.72 元，并赔偿十倍的购物款 6567.2 元。

据老宋说，自己一个月前在超市挑选干货时，发现超市出售的散装香菇有霉变生虫的迹象，而这些坏了的香菇只用小号透明自封袋做了简易包装，上面除了印着生产日期，并没有其他标签或任何产品说明。热心的老宋见状找到了超市的工作人员，告知其香菇霉变的事，希望超市尽快处理。一周后，老宋又来到这家超市采购，途经干货区域时，他惊愕地发现之前向工作人员反映的霉变香菇并未下架，反而在降价促销。一气之下，老宋将货架上的四十余袋散装香菇全部买下并送往市场监管部门。

经检查，老宋送检的香菇确实存在霉变生虫现象。事后，老宋又仔细查看了香菇包装袋，发现包装袋上标注的生产日期为上个月，而保质期却为 180 天，也就是说，短短一个多月的时间，还在保质期内的香菇就出现了霉变情况，对此表示质疑的老宋一纸诉状将超市告上了法庭。

老宋认为，超市不顾自己的提醒，有意低价促销已经霉变生虫的香菇，且刚生产的香菇不可能在短短两个月不到就霉变生虫，他认为超市标注虚假生产日期，属于经营者明知是不符合食品安全标准的食品而继续出售的情况，要求超市按照《中华人民共和国食品安全法》第一百四十八条的规定，退还自己香菇购物款 656. 72 元，并赔偿十倍的购物款 6567. 2 元。

超市代表人则辩称，其出售的香菇来源正规合法，且已通过质量检验，超市每天都会对零售的散装商品进行检查，但并未发现香菇发霉生虫的现象，超市也未曾收到老宋关于香菇发霉生虫的反映。至于降价促销则是超市正常的营销手段，与香菇的质量无关。老宋购买香菇的行为并非为了食用，而是恶意索赔，不属于消费者，不同意按照老宋的诉请进行赔付。

法院经审理后认为，根据老宋与超市双方提供的证据材料，涉案香菇确有少量生虫迹象，据此对老宋要求退还货款的请求予以支持。但老宋无法证明超市是在明知香菇不符合安全标准的情况下仍进行出售，因此对其要求赔偿十倍货款的请求，法院未予支持。

【说法】

散装货品本身易受污染，消费者在购买时需认真挑选，一旦发现所购商品存在质量问题，应及时保留购物凭证，积极维权。超市也应严格自查，妥善保存商品，对遭受污染或变质的商品及时予以处理，确保消费者的合法权益。

六旬保洁员被辞，索补偿被驳

孟大爷退休多年，不久前，他来到离家不远的一家保洁公司，顺利应聘保洁员。“那天上午我正好去上厕所了，不巧公司一位姓匡的主管来到我负责的楼层，等我回来之后，她一句话没问就把我辞退了。”孟大爷在庭上称。此前，孟大爷曾与保洁公司签署了一份《劳动协议书》，他认为公司辞退自己违反了《中华人民共和国劳动法》的相关规定，于是向劳动人事争议仲裁委员会提出仲裁申请，但未获受理，于是又将保洁公司告上法院，要求支付自己一个半月的补偿金 2850 元。

法庭上，孟大爷说自己在职期间表现良好，公司无缘无故辞退自己违反了法律规定，应该给付补偿金。

保洁公司则辩解称，公司和孟大爷签署的是《劳务协议书》，而非劳动合同，解除合同是因为孟大爷违反公司禁止捡废品的规定。

法院审理认为，孟大爷在签订协议的时候已满六十周岁，超过了法定退休年龄，不适用《中华人民共和国劳动法》和《中华人民共和国劳动合同法》的有关规定，因此孟大爷经济补偿的要求没有法律依据。

【说法】

时下，一些退休人员乐于“发挥余热”，加入了求职者的行列。有些企业或单位从行业性质、工资、人力资源等原因考虑，也愿意聘请退休职工。但是，很多老人不知道，一旦发生劳动争议，这些“超龄老人”便会处于一个十分尴尬的地位：《中华人民共和国劳动法》等法规将退休老人排除在法律的适用范围之外。这就意味着，退休再就业不受相关劳动法的保护。因此，老人如果再就业，一定要和用人单位签订书面劳务协议，详细规定权利与义务。

返聘老人遇车祸不算工伤

王女士退休后被单位返聘继续留下工作，负责一些人事材料的保管和查询。去年，王女士下班途中被一辆汽车撞倒，经医院诊断为急性重型颅脑损伤，身体多处骨折，后经法医鉴定为四级伤残。事情发生后，王女士向劳动人事争议仲裁委员会提出工伤认定申请，被以超过退休年龄不予受理为由被驳回。

为此，王女士一纸诉状将用人单位诉至法院，要求用人单位按照工伤保险待遇支付自己的伤残补助金等各项经济损失共计约二十万元。

法院经审理查明，王女士在发生交通事故后，车主已经赔偿王女士各项经济损失共计约十八万元。此外，王女士属于退休人员，按时领取退休金并享受基本养老保险退休待遇。根据《中华人民共和国劳动合同法》第四十四条第（二）项的规定，“劳动者开始依法享受基本养老保险待遇的”劳动合同终止。据此，法院认为，该案不适用《工伤保险条例》，故驳回了王女士工伤保险待遇的诉讼请求。

【说法】

退休老人再就业方向主要有两种：一种是家政、餐饮、安保等服务行业；另外一种是有着专业门槛和资格认证的行业。专业的技术人员大多是通过“返聘”的形式留在了原单位，即所谓的“退而不休”。但是，返聘老人也面临着诸多问题，特别是当老人工作时出现伤亡的情况。为此，建议广大老年朋友，一定要学会如何合法维权：老人要避免与用人单位通过口头协议约定劳务事宜，应该签订书面劳务协议，与单位明确工作内容、报酬、医疗、加班补偿、劳动保护等权利义务，同时，做好相关材料的保存工作，增强证据意识，维护好自身权益。

未办工伤保险，退休后职业病谁来担责？

职业病不仅“造病”时间长，而且潜伏期更长，往往在劳动者离职或退休多年后才被发现。因此，一些无诚信的用人单位对事后出现的职业病以种种理由一推了之，拒绝担责。

农民工老梁一开始到A煤矿从事技安、掘进工作。两年后又转到B煤矿从事井下掘进工作。B煤矿未为老梁办理工伤保险。在B煤矿工作了半年后，老梁因身体不适自动离职。随后，老梁参加职业病鉴定，被确定患二期尘肺病。老梁找到B煤矿要求按职业病标准享受相应待遇。B煤矿提出，老梁所患职业病系先前的用人单位危害造成的，应由先前的用人单位（A煤矿）承担责任。

【说法】

《中华人民共和国职业病防治法》第三十七条规定：“发生或者可能发生急性职业病危害事故时，用人单位应当立即采取应急救援和控制措施，并及时报告所在地卫生行政部门和有关部门。卫生行政部门接到报告后，应当及时会同有关部门组织调查处理；必要时，可以采取临时控制措施。卫生行政部门应当组织做好医疗救治工作。对遭受或者可能遭受急性职业病危害的劳动者，用人单位应当及时组织救治、进行健康检查和医学观察，所需费用由用人单位承担。”据此，老梁可选择B煤矿为被申请人，要求其按职业病损害之工伤保险待遇标准承担赔偿责任。当然，若B煤矿在承担赔偿责任后，有证据证明该职业病是先前的用人单位（A煤矿）的职业病危害造成的，可另行主张权利，由先前的用人单位承担。

乘车受伤，运输企业担责

秦大伯购票乘坐某铁路局所属旅客列车回乡省亲。途中火车到站刹车时，老人在车厢连接处摔倒，造成腿部、脚部受伤，经鉴定伤残等级为十级。伤愈出院后，秦大伯与铁路局协商赔偿未果，遂将其诉至法院，要求判令被告赔偿医疗费等费用6.3万元。

法院经审理，认为被告在履行铁路旅客运输合同中存在违约行为，应承担违约责任，判决向原告一次性支付医疗费、残疾赔偿金、后续治疗费等各项费用共计5.78万元。

【说法】

《民法典》第八百二十三条规定：“承运人应当对运输过程中旅客的伤亡承担赔偿责任；但是，伤亡是旅客自身健康原因造成的或者承运人证明伤亡是旅客故意、重大过失造成的除外。前款规定适用于按照规定免票、持优待票或者经承运人许可搭乘的无票旅客。”从这一规定可以看出，承运人应对旅客伤亡承担无过错损害赔偿责任，但有权提出免责抗辩。其免责情形有两种，一是旅客自身健康原因；二是旅客自身存在故意、重大过失等行为。就是说，只要不是不可抗力或者旅客自身原因造成的，不论承运人主观上有无过错，旅客均有权向其请求损害赔偿。

医疗事故中，医保报销部分怎么赔偿？

张阿姨因肩背部持续疼痛到某区人民医院(三级甲等)就诊，确诊为冠心病、心绞痛、右肺下叶肿物，遂接受医方建议到该医院胸外科住院。医方为张阿姨手术时，病理报告为肺癌。为此医方对张阿姨行右肺下叶癌根治手术。手术中，因主治医生操作失误，损伤食管，不得不进行了食管部分切除及食管胃吻合术。

出院后，张阿姨因胃部不适，到某附属医院检查，被诊断为食管胃吻合术后反流性食管炎、浅表性胃炎。经住院治疗，花费检查治疗费和医药费共计 26040. 86 元。其中，医保统筹支付二万余元，个人支付五千余元。

事后，张阿姨以某区人民医院为被告诉至法院，请求判令被告支付医疗费、误工费、护理费、精神抚慰金等共计六万余元。起诉同时申请医院过错鉴定。

人民法院受案后，委托某司法鉴定中心鉴定出具医疗过错鉴定书：医方在治疗过程中存在损伤食管及损伤后处理不当的错误，医疗行为与人身损害后果之间存在因果关系，医方应承担主要责任。

法庭审理过程中，被告认同鉴定意见，但提出原告医保统筹报销部分不应包含在赔偿范围内。其理由是：医疗保险是患者本人以及单位共同缴纳的保险费用，以此享受国家福利，而原告的医疗费有一部分已在统筹中支付，原告未实际支付与承担，原告在获得医疗保险的保险统筹金后，不能重复获得。但该意见未获得人民法院的支持，法院最终判决医方按主要过错责任全额赔偿包括医保已报销在内的张阿姨的医疗费等损失。

【说法】

医疗侵权纠纷，侵权人责任的减免，只能由法律规定，法律没有规定的，不能随意减免侵权人的侵权责任。医保统筹报销属于先行垫付性质，该垫付不能成为减轻侵权人赔偿责任的理由。

《社会保险基金先行支付暂行办法》第二条规定："参加基本医疗保险的职工或者居民(以下简称个人)由于第三人的侵权行为造成伤病的，其医疗费用应当由第三人按照确定的责任大小依法承担。"这表明：只要是因第三人的侵权行为造成伤病的，受害人的医疗费用应当由其承担，请注意该规定的此处用语是"应当"，不是"可以"。

医疗保险是党和政府给职工与居民的一种社会福利待遇，医保是先行垫付。其法律依据是《中华人民共和国社会保险法》第三十条中的(二)规定，"应当由第三人负担的"医疗费用不纳入基本医疗保险基金支付范围。《社会保险基金先行支付暂行办法》第十一条还规定："个人已经从第三人或者用人单位处获得医疗费用、工伤医疗费用或者工伤保险待遇的，应当主动将先行支付金额中应当由第三人承担的部分或者工伤保险基金先行支付的工伤保险待遇退还给基本医疗保险基金或者工伤保险基金，社会保险经办机构不再向第三人或者用人单位追偿。个人拒不退还的，社会保险经办机构可以从以后支付的相关待遇中扣减其应当退还的数额，或者向人民法院提起诉讼。"可见，这种先行垫付迟早要受到追偿的。先行垫付绝不能成为减轻侵权人的赔偿责任的理由。

依据《民法典》侵权责任编的相关规定，医疗侵权纠纷，若减免侵权人的责任，只能由法律规定，法律没有规定的，不能随意减免侵权人的侵权责任。侵权责任法中可免除或减轻侵权人侵权的情形中并不包括医保报销。

跟团游意外受伤怎么办?

近年来，越来越多的老年人选择外出旅游。而旅游中存在的风险也逐渐显露出来，对簿公堂的事情早已屡见不鲜。那么，旅游中存在哪些常见风险，又该如何对这些风险进行防范和应对呢?

王阿姨与某旅行社签订《旅游合同》，约定某旅行社为王阿姨提供五天四夜“吉林—松花湖—长白山天池—静泊湖双卧五日游”，每人1238元。在补充条款第九条中约定：“高风险娱乐项目，如草地摩托、雪上摩托、骑马、快艇、漂流、攀岩、滑雪、潜水、蹦极等，请旅游者根据自身情况选择参加，仔细阅读景区提示，在景区指定区域内开展活动，注意人身安全。酒后禁止参加高风险娱乐项目。”此后，王阿姨在长白山旅游参加漂流活动时，穿着塑料鞋自行拖拽皮划艇时摔倒受伤，被送往当地的医院住院治疗，被诊断为左胫腓骨粉碎性骨折，左胫前皮肤挫伤。随后，王阿姨将某旅行社诉至法院要求赔偿。

【说法】

王阿姨作为成年人，应当对自己的安全尽到基本的注意义务，应当对自己的受伤承担一定的责任。不过这并不是说旅游经营者就不承担责任，根据《中华人民共和国旅游法》第八十条规定，“旅游经营者应当就旅游活动中的下列事项，以明示的方式事先向旅游者作出说明或者警示：(一)正确使用相关设施、设备的方法；(二)必要的安全防范和应急措施……(四)不适宜参加相关活动的群体；(五)可能危及旅游者人身、财产安全的其他情形”。本案中，某旅行社未尽到安全提示的义务，也应当对王阿姨的受伤承担一定比例的责任。

老人郊游酗酒猝死，同游者是否担责？

自助游正以其绿色、自由、经济等特点受到老年“驴友”一族的追捧。目前，这一旅游组织形式主要分为以旅行社为依托的自助游服务、户外运动俱乐部发起的自助游、“驴友”们自发发起的自助游三种方式。而在后两种形式的自助游中一旦发生纠纷，责任则较难划分。

王大伯和李某等几个老同学商定周末到郊区游玩。郊游当天，李某在午餐时自主喝了大量白酒，饭后同大家一起爬山、泡温泉。15时许，李某突然栽倒在水中，随行同游者迅速将他送至附近医院抢救。李某经医护人员抢救无效死亡，司法鉴定结论为酒后猝死。在此期间，王大伯和其他同游者自愿给付其亲属慰问金两万元。事后，李某之妻诉至法院，要求王大伯等人赔偿死亡赔偿金、丧葬费等共计约三十万元。法院经审理，驳回了原告的诉讼请求。

【说法】

《民法典》第一千一百九十八规定：“宾馆、商场、银行、车站、机场、体育场馆、娱乐场所等经营场所、公共场所的经营者、管理者或者群众性活动的组织者，未尽到安全保障义务，造成他人损害的，应当承担侵权责任。”这里的“群众性活动”是指法人或者其他组织面向社会公众举办的参加人数较多的活动，比如体育比赛、演唱会、庙会等活动。而自助出游，完全是朋友、家人或者是“驴友”自发进行的一种自娱自乐的活动。这种活动虽然不属于“群众性活动”，但也应遵从一定的社会秩序，受到法律的规范。

一般来说，民间自发活动的参加人均为完全民事行为能力人，其对自己的行为所产生的后果应当有所预见，即风险自担。同时组织者作为团队“领导”应当对风险有一定的预见性，负有保障被组织者安全的义务。但法律中没有明确规定组织者的具体责任，除非其有明显的过错。本案中，李某等人的出游行为系参与者共同商定的自发性出游活动，王大伯等被告在事发后积极参与施救，采取的救助措施符合当时的客观环境和自身条件，故法院判决不承担赔偿责任。

搭车出游受伤，朋友反目索赔

去年春节假期，唐某老两口打算自驾出游。邻居石某听说后就和唐某夫妇商量，想搭乘两人的车一同前往目的地游玩，唐某老两口欣然接受。行车途中，由于唐某边驾驶边打电话，稍不留神，轿车与前方的客车追尾，后车驾驶员负全部责任。本次事故致乘员石某身体多处骨折。伤愈后石某诉至法院，向唐某索赔医疗费、误工费等费用 1.9 万元。法院经审理，判决被告赔偿原告医疗费等费用共计 1.67 万元。

【说法】

节假日高速公路免费通行的政策，客观上助推了自驾游的持续升温。类似案例中的情形，在法律上称为“好意同乘”，是指机动车车主或司机基于帮助他人的意愿，邀请或允许他人无偿搭乘机动车的行为。我国法律目前对好意同乘的赔偿责任并没有统一、明确的规定，在司法实践中一般视运行人、搭乘人在交通事故中有无过错而定。《民法典》第一千二百一十七条规定：“非营运机动车发生交通事故造成无偿搭乘人损害，属于该机动车一方责任的，应当减轻其赔偿责任，但是机动车使用人有故意或者重大过失的除外。”这就是说，只要不具备法律上规定的免责情形，驾驶人都要承担民事责任。本案中，唐某在驾驶过程中明显存在操作不当的重大过失，导致石某身体受伤，完全符合一般侵权责任的构成要件，故法院做出上述判决。

旅游照片被弄丢，索赔精神损害

高某、彭某等人到外地旅游期间拍摄了二百多张纪念照片。返家后，高某将两个存储照片的 U 盘送到影楼冲印，并预交了冲印费。当高某第二天去影楼取相片时，却被告知两个 U 盘不慎丢失。为此，高某等找到影楼负责人王某交涉赔偿未果，遂将后者告上法庭，要求对方赔偿经济损失和精神损失费。法院经审理，判决被告赔偿原告经济损失费 220 元，给付精神抚慰金 8000 元。

【说法】

根据《最高人民法院关于确定民事侵权精神损害赔偿责任若干问题的解释》第一条规定："因人身权益或者具有人身意义的特定物受到侵害，自然人或者其近亲属向人民法院提起诉讼请求精神损害赔偿的，人民法院应当依法予以受理。"本案中，U盘在存储数据前仅具有物的特征，并不能直接满足人们的精神生活需求。但在使用后，U盘便被赋予了特定的内容，成为拍摄的人、景、物的物质载体。这一特定物品的丢失，无疑给原告带来了难以弥补的精神损害。至于精神损害的赔偿数额根据以下因素确定：侵权人的过错程度，但是法律另有规定的除外；侵权的目的、方式、场合等具体情节；侵权行为所造成的后果；侵权人的获得情况；侵权人承担责任的经济能力；受理诉讼法院所在地的平均生活水平。据此，确定精神损害的赔偿数额，要体现对受害人的抚慰作用、对加害人的制裁作用、对社会的警示作用。

行使诉讼权要慎重，消极应付代价高

不少老年人把打官司当成是一件很容易的事。事实上，整个诉讼过程有很多微观的细节需要注意，一些错误的做法会造成不必要的损失。

迟缴费，起诉并未成诉讼

老吴是一起借款纠纷案件的原告，案件经法院经济庭审查立案后，法院书面通知其自接到该通知的次日起七日内预缴诉讼费用。但老吴既逾期未缴，又未在此期间提出缓、减或免缴诉讼费的申请。法院遂依据有关规定，裁定本案按自动撤诉处理。

【说法】

《最高人民法院关于适用〈中华人民共和国民事诉讼法〉的解释》第二百一十三条规定：“原告应当预交而未预交案件受理费，人民法院应当通知其预交，通知后仍不预交或者申请减、缓、免未获批准而仍不预交的，裁定按撤诉处理。”本案中老吴忽视了法院的缴费通知，结果按自动撤诉处理，无奈的他只得另行起诉。

误出庭，有理无理任人说

杨大伯是一起欠款纠纷的被告，在法院受理原告的起诉期间，杨大伯以充足的事实和理由及时向法院提出了反诉的诉讼请求。遗憾的是，杨大伯因记错了本案开庭审理的时间而未能按时出庭，结果被法院做出了不利于杨大伯的缺席判决，并承担诉讼费用三千多元。事后，老人无奈地说：“这起案子标的额较大，我本来胜券在握，但因未能按时出庭而导致败诉，还白白承担了这么多诉讼费。”

【说法】

按民事诉讼法的相关规定，在法庭上，当事人可以充分陈述自己的观点，提供相关证据，对案件事实没有争议的，负有义务的一方可以依法请求法院调解，取得对方的谅解和同情，使对方在违约金、赔偿金、利息等方面做出让步，这样不仅可以减少损失，而且可以维系双方的关系。但如果一方当事人经合法传唤无正当理由而拒不到庭，上述权利就无法行使，法院则会依照法定程序做出缺席判决。

拂袖去，终止庭审悔不迭

王阿姨因劳动合同纠纷与被告(用人单位)之间积怨较深。在案件开庭过程中，王阿姨因过于冲动，法庭辩论尚未结束，她让被告气得扔下一句“有理走遍天下，无理寸步难行，我不和你胡搅蛮缠”后，在未经法庭许可的情况下即愤然离去，致使庭审活动中止。事后，她诚恳地向办案法官解释，不是对你们有意见，我这是对被告无理答辩的抗议。并一再要求继续审理她的案子。但法不容情，结果还是被法院裁定按撤诉处理。王阿姨对此后悔不迭。

【说法】

《中华人民共和国民事诉讼法》第一百四十六条规定：“原告经传票传唤，无正当理由拒不到庭的，或者未经法庭许可中途退庭的，可以按撤诉处理；被告反诉的，可以缺席判决。”作为原告光凭理直气壮是不够的，还必须严格遵守法庭纪律，否则应有的权利将无法行使。

超时效，白白丧失请求权

李某为筹备儿子的婚事而向好友邹某借款三万元，双方在借据中约定借款期限为一年。令人遗憾的是，直到四年后邹某才想起催促李某归还借款，李某以无能力偿还为由拒绝。邹某无奈将李某告上法庭。庭审中，被告李某辩称，所欠原告借款是事实，但已经明显超过三年诉讼时效，原告不能再请求被告支付借款。

法院经审理认为：原、被告之间的借贷合同关系合法有效，借款事实清楚。但原告未在法律规定的诉讼时效期间主张权利，亦未提供其对相应借款有过主张或被告有过承认等产生诉讼时效中止、中断、延长事由的相关证据，诉讼时已超过法律规定的三年诉讼时效，故对原告的诉讼请求不予支持，遂判决驳回了原告的诉讼请求。

【说法】

诉讼时效是指民事权利受到侵害的权利人在法定期间不行使权利，当时效期届满时，人民法院对权利人的权利不再进行保护的制度。《民法典》规定，向人民法院请求保护民事权利的诉讼时效期为三年，法律另有规定的除外。也就是说，在法定诉讼时效期届满后，权利人行使请求权的，人民法院不再予以保护。本案中，双方对还款时间有明确约定，原告因自身问题而忽视了诉讼时效，结果导致大额借款打了水漂。

其实，可以通过以下几种方式来延长诉讼期：

1. 可以通过书面、电话或微信等方式催讨，但应注意保存证据，如留存书面文件的邮寄信息、通话记录、聊天记录等，自宽限之日或者催还之日起，重新计算三年的诉讼时效。

2. 可以重新打借条或者更改还款期限，债务人对债权表示承认、请求延期履行、提供担保、支付利息等都被视为同意履行义务，诉讼时效可以重新计算。

3. 可直接向法院提起民事诉讼，诉讼时效从提交起诉状或者口头起诉之日起中断。

4. 要求债务人找担保人担保，并保证在一定期限内还款，逾期不还，由担保人偿还。这种情况下，诉讼时效从还债期限届满之日起重新计算。

——法律小贴士——

【遭遇维权困境，法援帮您免费打官司】

近年来，在保障老年人合法权益方面，各地都采取了不少举措，收到了明显成效。但现实中，特别是遇到赡养、扶养、患病等方面难题时，老人们往往会感到茫然无助，加之面对维权成本、亲情修复等现实境况，不少人无奈地选择放弃，或者向子女妥协。事实上，在维权途径的选择上，老人们完全可以通过寻求法律援助来化解燃眉之急。

法律援助也称法律救助(以下简称法援)，是我国一项重要的司法救济制度，是国家建立的保障经济困难公民和特殊案件当事人获得必要的法律咨询、代理、刑事辩护等无偿的法律服务，是维护当事人合法权益和社会公平正义的法律制度。根据《中华人民共和国法律援助条例》的有关规定，老年人在寻求法律援助时应了解以下几点。

1. 申请法援的条件

申请法援应同时具备以下条件：具有合法有效的身份证明；申请事项符合规定的受理范围且依法在本区审理或处理的；有理由和证据证明为维护自己的合法权益需要法律帮助的；经济困难无力支付法律服务费用的。

2. 申请法援的范围

老年人遇到下列事项，可以申请法律援助：依法请求国家赔偿的；请求给予社会保险待遇或者最低生活保障待遇的；请求发给抚恤金、救济金的；请求给付赡养费、扶养费的；请求支付劳动报酬的；主张因见义勇为行为产生的民事权益的；因工伤、交通、医疗事故或者其他人身伤害事故受到人身损害要求赔偿或者补偿的；因劳动合同关系使权益受到损害要求赔偿或者补偿的；因遭受家庭暴力、虐待、遗弃受到损害要求赔偿或者补偿的；因征地、拆迁使权益受到损害要求赔偿或者补偿的；法律、法规规定的其他事项。

3. 到哪里提出申请

申请民事、行政法律援助，应当向纠纷对方所在地的法律援助机构提出；申请刑事法律援助，应当向办理该案件的人民法院、人民检察院、公安机关所在地的同级法律援助机构提出。

4. 怎样出具经济状况证明

法援条件中的经济困难标准，是指申请人及其共同生活的家庭成员的人均收入（如果是家庭成员之间的纠纷，则指申请人的个人收入）；经济困难标准应按照接受申请的法律援助机构所在县（市、区）城乡居民上一年度最低生活标准的两倍执行，经济困难证明由申请人户籍所在地乡镇（街道）或县级民政部门出具。以上单位出具有困难的，可以由申请人户籍所在地或者经常居住地的村（居）民委员会或所在单位出具。

5. 法援的主要形式

法律咨询，就公民提出的法律问题提供专业解答；代书，主要是代为起草法律文书，为诉讼或非诉讼程序的开始提供准备；代理非诉讼程序当事人参加和解、调解、仲裁等；代理诉讼程序当事人参加民事诉讼、行政诉讼，在刑事案件中担任被告人（犯罪嫌疑人）的辩护人或公诉案件受害人、自诉案件的代理人。

6. 需提交的材料

需提交的材料主要包括：法律援助申请表；身份证或者其他有效身份证明，代理申请人还应当提交有代理权的证明；经济状况证明；与所申请法援事项有关的案件材料。残疾人申请法援应当提交残疾证及申请人住所地或者经常居住的村(居)民委员会出具的无固定生活来源的证明材料，不需要经济状况证明。

军人军属也是法援对象。申请人或代理人到所属部队的军人军属法援联络点或所在地法律援助中心提出申请并填写申请表，同时提交军人军属身份证明、申请人经济状况证明表，以及与所申请法律援助事项有关的案件材料。下列军人军属申请法律援助的，无需提交经济困难证明：义务兵、供给制学员及军属；执行作战、重大非战争军事行动任务的军人及军属；烈士、因公牺牲军人、病故军人的遗属。申请人应当对其填写的内容和提交的证件、证明材料的真实性进行承诺声明。申请人为无民事行为能力人或者限制民事行为能力人，由其法定代理人代为申请。

7. 受援过程中能调换律师吗

对符合法援条件的一般性案件，做到当天申请、当天受理审查并指派承办人。认为申请人提交的申请材料不全或者内容不清楚的，在三个工作日内发出补充材料通知或者要求申请人作出说明，未按通知要求补充材料或者作出说明的，视为撤销申请。申请人撤回已受理的申请后，就同一事项再次申请的法援机构不予受理，但能够证明撤回申请违背申请人真实意思表示的除外。在法援过程中，受援人有权了解案件进展情况，对有事实证明未履行职责的法律援助人员，有权要求更换。在法援过程中，受援人应当如实陈述事实和情况，提供有关证据材料，无理缠讼或者不予必要配合的，经法律援助中心同意，可以终止提供法律援助。

附　录

老年人这样打官司

民事诉讼全流程

老年人一般涉及民事诉讼的较多，这里便详细讲解一下民事案件的诉讼流程，以及关于执行的相关问题。

第一步：立案前的准备工作

1. 固定证据和准备证据

(1) 身份证明

能够证明原告、被告的身份信息。不同的案件提供的信息不一样，个人的一般包括身份证、暂住证或居住证、户口本、出生证明、亲属关系证明和居住证明等；企业或其他组织一般包括营业执照复印件加盖公章、组织机构代码复印件加盖公章、税务登记证或其他资质证书、法定代表人身份证明，企业基本信息(工商局网站打印版)已经三张合一的只需提供营业执照副本复印件加盖公章即可。

(2) 证明法律关系的证据

一般包括合同书、协议书、欠条、借条、结婚证、离婚证、结算单、送货单和其他电子证据。

(3) 辅助证据

转款凭证、货物清单、房屋所有权证书、各种证书等。

注：所有的证据都是按照起诉状的份数准备，录音录像的证据需要刻印光盘并节录成文字版。所有的证据都要按照时间的先后顺序、分门别类地进行整理，并注明页码，制作证据名录。

2. 书写起诉状

起诉要向法院递交起诉状，并按照被告人数+法院提出副本，即被告+1 的原则。起诉状的内容如下：

（1）原告的身份信息

姓名、性别、年龄、民族、职业、工作单位、住所、联系方式，法人或者其他组织的名称、住所和法定代表人或者主要负责人的姓名、职务、联系方式。

（2）被告的身份信息

姓名、性别、工作单位、住所等信息（通常还要知道身份证号码），法人或者其他组织的名称、住所等信息（还需要在所属省市的企业信用网打印企业的基本信息一份）。

（3）诉讼请求

起诉要达到的目的，要求被告做什么。怎样做。

（4）事实与理由

就是为什么要求被告做什么或者为什么要这样做，一切服务于诉讼请求。

（5）证据清单

通常法院要求你要提供证据清单，注明是原件还是复印件。

第二步：去管辖法院起诉

如果在没有约定哪里的法院有管辖权的情况下，一般被告所在地的法院都有管辖权，被告所在地包括户籍所在地（身份证上的地址）和经常居住满一年的地方即经常居住地（就医看病除外）。

但根据司法解释的规定：买卖和借款等合同纠纷案件既可以在原告所在地起诉，也可以在被告所在地起诉。

注：一般案件，掌握上述情况都能解决。法院专属管辖的案件应去法律规定的法院立案。

第三步：法院受理

根据立案登记制的规定，凡是能够当场立案的当场受理，不能当场立案的则先登记并一次性告知补充的材料。

符合法定条件的，七日内予以立案。不符合法定条件的，七日内裁定不予受理。案件受理后，七日内交诉讼费，否则视为自动撤诉。

若案件需要做财产保全，可立案时一并提交财产保全申请书，担保申请书，并交纳保全费。

第四步：送达传票及起诉状副本

1. 调解

最近调解比较流行，一般法院要求先调解，调解不成才转为诉讼流程。调解日期三十日。

2. 不调解

不进行调解的一般立案后十五日到两个月发起诉讼安排送达，送达一般电话联系，让被告到法院取走传票，如果被告不去则邮寄送达、留置送达、电子送达。

注：如果以上都无法送达则公告送达。另外，受送达人下落不明，或者用其他方式无法送达的，公告送达。自发出公告之日起，经过六十日，即视为送达。给被告送达的同时开庭时间也就确定了。

第五步：通知原告开庭时间

原告知道开庭时间后，一定要去，否则有可能按照撤诉处理，被告收到不去，则缺席审理。意味着放弃了答辩等权利。

开庭三日前用传票通知当事人，用通知书通知其他诉讼参与人。开庭前三日发布公告，公告当事人的姓名、案由以及开庭的时间、地点。

在五日内送达起诉状副本给被告，被告十五日内提出答辩，五日内将答辩状副本送达原告。答辩状的内容，必须针对起诉状提出的事实和理由及证据展开，抓住关键进行答辩和反驳，并提交有关的证据。

第六步：开庭审理

1. 核对当事人身份信息

原告坐在原告席，被告坐在被告席，一定要看清楚了。书记员核实双方当事人的身份信息，包括工作单位、职务、现住住址等信息。核实完信息一般书记员会示意法官可以开庭了。

2. 法庭调查

(1)一般让原告明确诉讼请求，简述事实与理由。此时，如果你想改变诉讼请求，应及时改变诉讼请求。

(2)被告针对原告的诉讼请求发表意见，陈述事实与理由。

(3)法庭根据案件情况询问原告、被告或第三人案件事实问题。

3. 证据质证

(1)原告针对自己的诉讼请求，一一列举证据证明，被告针对原告出示的证据发表质证意见、第三人进行质证。

(2)被告出示证据，原告发表质证意见、第三人进行质证。

(3)第三人出示证据，原告发表质证意见、被告发表质证意见。

注：(1)法庭调查按原告、被告、第三人的顺序进行；证人出庭作证(证人如果不能出庭，经法庭许可可以提交书面语言，由法庭宣读；受诉法院委托外地法院代为询问证人的笔录应当在法庭上宣读)经审判长许可，当事人和诉讼代理人有权向证人发问，证人应当如实作答。

(2)法庭调查结束前，审判长或独任审判员应当就法庭调查认定的事实和当事人争议的问题进行归纳总结，分别询问当事人、第三人、诉讼代理人是否还有意见，作最后陈述。

(3)合议之后认为需要继续举证或者进行鉴定、勘验工作的，可以在下次开庭质证后认定；如果认为此次法庭调查，未能查清案件有关情况，法庭可以决定第二次开庭。

(4)审判长或独任审判员对本次开庭情况进行小结，指出庭审已经确认的证据，并指明下次开庭调查的重点。如果认为案件事实已经查清，必要的证据已经齐备，即可宣布终结法庭调查，进入法庭辩论阶段。

4. 法庭辩论

双方当事人及其诉讼代理人进行辩论，最后是互相辩论。

判决前能够调解的，还可以进行调解，调解不成的，应当及时判决。

审判长按原告、被告、第三人的顺序征求各方最后意见。

5. 法庭评议

法庭辩论结束后，审判长宣布休庭，双方当事人签笔录，看笔录时，只需看自己说的有没有被记录或表达的意思是否一致。每一页都需要签名，并在最后一页签名、签日期。

第七步：发判决书

人民法院对公开审理或者不公开审理的案件，一律公开宣告判决。当庭宣判的，应当在十日内发送判决书；定期宣判的，宣判后立即发给判决书。

宣告判决时，必须告知当事人上诉权利、上诉期限和上诉的法院。宣告离婚判决，必须告知当事人在判决发生法律效力前不得另行结婚。判决自收到判决书的十五日为上诉期，裁定的话，则上诉期为十日。

注：(1) 简易程序的案件一般审限三个月，如果三个月内解决不了转为普通程序，则审限为六个月。

(2) 人民法院适用普通程序审理的案件，应当在立案之日起六个月内审结。有特殊情况需要延长的，由本院院长批准，可以延长六个月；还需要延长的，报请上级人民法院批准。

(3) 如果双方都不上诉，则一审判决生效，如果被告不履行生效的判决，可以申请法院强制执行。

第八步：上诉

1. 上诉流程

上诉按照一审被告的人数提交上诉状(上诉状内容应当包括当事人的姓名、法人的名称及其法定代表人的姓名或者其他组织的名称及其主要负责人的姓名；原审人民法院名称、案件的编号和案由；上诉的请求和理由)和判决书或裁定书复印件，缴纳诉讼费用。

2. 上诉对象

当事人可以直接向二审上诉，也可通过原审人民法院上诉，现实生活中大都是通过原审法院上诉的。

3. 审结

人民法院审理对判决的上诉案件，应当在第二审立案之日起三个月内审结。有特殊情况需要延长的，由本院院长批准。

人民法院审理对裁定的上诉案件，应当在第二审立案之日起三十日内作出终审裁定。

第九步：申请强制执行

1. 申请强制执行所需文件

被告不履行生效的判决，则原告可以申请人民法院强制执行。申请强制执行需要提交强制执行申请书、判决书，有二审的则要提交二审判决书，并提供一审时的身份证明信息。

2. 确定执行法官

一般立案后，十五日左右可以查询执行法官是谁，然后与其沟通执行情况。

3. 执行时间

人民法院自收到申请执行书之日起超过六个月未执行的，申请执行人可以向上一级人民法院申请执行。上一级人民法院经审查，可以责令原人民法院在一定期限内执行，也可以决定由本院执行或者指令其他人民法院执行。

4. 启动终结程序

执行终结本次执行，必须同时满足五大条件，否则不能启动终结程序。

第一，已向被执行人发出执行通知、责令被执行人报告财产。

“责令被执行人报告财产”，是指应当完成下列事项。

(1)向被执行人发出报告财产令。

(2)对被执行人报告的财产情况予以核查。

(3)对逾期报告、拒绝报告或者虚假报告的被执行人或者相关人员，依法采取罚款、拘留等强制措施，构成犯罪的，依法启动刑事责任追究程序。

第二，已向被执行人发出限制消费令，并将符合条件的被执行人纳入失信被执行人名单。

(1)禁止乘坐交通工具时，选择飞机、列车软卧、轮船二等以上舱位。

(2)禁止在星级以上宾馆、酒店、夜总会、高尔夫球场等场所进行高消费。

(3)禁止购买不动产或者新建、扩建、高档装修房屋。

(4)禁止租赁高档写字楼、宾馆、公寓等场所办公。

(5)禁止购买非经营必需车辆。

(6)禁止旅游、度假。

(7)禁止子女就读高收费私立学校。

(8)禁止支付高额保费购买保险理财产品。

(9)禁止乘坐 G 字头动车组列车全部座位、其他动车组列车一等以上座位等其他非生活和工作必需的消费行为。

（10）被执行人为单位的，被采取限制消费措施后，被执行人及其法定代表人、主要负责人、影响债务履行的直接责任人员、实际控制人不得实施前款规定的行为。因私消费以个人财产实施前款规定行为的，可以向执行法院提出申请。执行法院审查属实的，应予准许。

第三，已穷尽财产调查措施，未发现被执行人有可供执行的财产或者发现的财产不能处置。

（1）“已穷尽财产调查措施”，是指应当完成下列调查事项：

①对申请执行人或者其他人提供的财产线索进行核查；

②通过网络执行查控系统对被执行人的存款、车辆及其他交通运输工具、不动产、有价证券等财产情况进行查询；

③无法通过网络执行查控系统查询存款、车辆及其他交通运输工具、不动产、有价证券等财产情况的，在被执行人住所地或者可能隐匿、转移财产所在地进行必要调查；

④被执行人隐匿财产、会计账簿等资料且拒不交出的，依法采取搜查措施；

⑤经申请执行人申请，根据案件实际情况，依法采取审计调查、公告悬赏等调查措施；

⑥法律、司法解释规定的其他财产调查措施。

（2）“发现的财产不能处置”，主要包括下列情形：

①被执行人的财产经法定程序拍卖、变卖未成交，申请执行人不接受抵债或者依法不能交付其抵债，又不能对该财产采取强制管理等其他执行措施的；

②人民法院在登记机关查封的被执行人车辆、船舶等财产，未能实际扣押的。

第四，自执行案件立案之日起已超过三个月。

第五，被执行人下落不明的，已依法予以查找；被执行人或者其他人妨害执行的，已依法采取罚款、拘留等强制措施，构成犯罪的，已依法启动刑事责任追究程序。

总之，执行法官要想结束本次执行案件，需要满足上述五大条件，否则不能裁定终结本次执行。

注：(1)终结本次执行程序前，人民法院还应当将案件执行情况、采取的财产调查措施、被执行人的财产情况、终结本次执行程序的依据及法律后果等信息告知申请执行人，并听取其对终结本次执行程序的意见。人民法院应当将申请执行人的意见记录入卷。

(2)终结本次执行程序并不意味着法院不再执行你的案件，也不意味“老赖”不需要还款了。终结本次执行程序后，被执行人应当继续履行生效法律文书确定的义务。被执行人自动履行完毕的，当事人应当及时告知执行法院，终结本次执行程序。

(3)申请执行人发现被执行人有可供执行财产的，可以向执行法院申请恢复执行。申请恢复执行不受申请执行时效期间的限制。执行法院核查属实的，应当恢复执行。

(4)终结本次执行程序后的五年内，执行法院应当每六个月通过网络执行查控系统查询一次被执行人的财产，并将查询结果告知申请执行人。符合恢复执行条件的，执行法院应当及时恢复执行。

(5)终结本次执行程序后，发现被执行人有可供执行财产，不立即采取执行措施可能导致财产被转移、隐匿、出卖或者毁损的，执行法院可以依申请执行人申请或依职权立即采取查封、扣押、冻结等控制性措施。